OS SANTOS TAMBÉM RIEM

JOSÉ DE OLIVEIRA SANTOS

OS SANTOS TAMBÉM RIEM

EDITORA

SANTUÁRIO

COORDENAÇÃO EDITORIAL: Elizabeth dos Santos Reis
COPIDESQUE E REVISÃO: Leila C. Dinis Fernandes
DIAGRAMAÇÃO: Simone A. Ramos de Godoy
ILUSTRAÇÕES MIOLO E CAPA: Eduardo de Oliveira Santos

Dados Internacionais de Catalogação na Publicação (CIP)
(Câmara Brasileira do Livro, SP, Brasil)

Santos, José de Oliveira
Os Santos também riem / José de Oliveira Santos; [ilustrador Eduardo de Oliveira Santos]. – Aparecida, SP: Editora Santuário, 2005.

Bibliografia.
ISBN 85-369-0004-0

1. Santos cristãos 2. Santos cristãos – Biografia I. Santos, Eduardo de Oliveira. II. Título.

05-4073 CDD-282.092

Índices para catálogo sistemático:

1. Santos: Igreja Católica: Biografia 282.092

Composição, CTcP, impressão e acabamento:
EDITORA SANTUÁRIO - Rua Padre Claro Monteiro, 342
12570-000 — Aparecida-SP. — Fone: (12) 3104-2000

SUMÁRIO

APRESENTAÇÃO

Os Santos também riem foi escrito para familiarizar, de um modo aprazível, o leitor com nossos amigos santos.

Se perguntássemos aos milhões de admiradores que amam e veneram, por exemplo, Santo Antônio, São Benedito ou o Beato Padre Anchieta: "Santo Antônio era italiano ou português? Era sacerdote jesuíta ou franciscano? São Benedito era africano, italiano ou brasileiro? Anchieta, o Apóstolo do Brasil, era brasileiro, português ou espanhol? Era franciscano, jesuíta ou redentorista?"

Pouquíssimos saberiam responder.

Conhecer a vida heroica de nossos irmãos e amigos santos e caminhar a seu lado só poderá nos beneficiar.

A sabedoria do povo nos ensina: "Dize-me com quem andas e te direi que manhas hás".

Ao comentar que São Francisco Xavier converteu mais de dois milhões de japoneses, um amigo *meio* católico perguntou-me:

— São Francisco Xavier e São Francisco de Assis são o mesmo santo?

Como acontece em nossa vida, aqui, nessas páginas, nem tudo é riso...

Para o poeta, a flor é o sorriso da natureza; para nós, o verdadeiro milagre é o sorriso dos santos.

Semelhante ao colibri que adeja cá e lá, buscando o néctar das flores, procurei, em muitas pesquisas, fatos pitorescos – mel da alegria – não somente nos relatos de nossos amigos santos canonizados, mas também nas histórias dos servos de Deus e dos beatos.

Esse livrete não tem a pretensão de apresentar a vida completa dos santos; para isso existem os grandes biógrafos.

Se, com o presente trabalho, eu conseguir levar o amável leitor a gostar da literatura dos santos, sentir-me-ei recompensado pelas estafantes lidas para a realização desta obra.

O autor

SÃO FILIPE NÉRI
(1515-1595)

São Filipe Néri, também chamado *O Santo da Alegria,* nasceu em Florença, na Itália, em 1515.

Em 1536, resolveu trabalhar em Roma, onde fundou a Irmandade da Santíssima Trindade, cuja finalidade precípua era a caridade de envolta com otimismo, bom humor e inabalável confiança em Deus.

Cardeais, bispos, famílias reais e muitas outras pessoas cultas e famosas, além de sacerdotes e leigos, tinham grande honra em pertencer a essa piedosa agremiação.

Filipe, com seu modo simples, atraía a todos para seu ardoroso apostolado. Era jovial, brincalhão, afável, atraente, original...

Foi ordenado padre em 1551.

Juntamente com outros sacerdotes, fundou a Congregação do Oratório, espécie de clube selecionado, onde se exercitavam saudáveis folguedos, eram feitas orações e os padres prestavam assistência social e religiosa.

São Filipe, em seu eterno bom humor, gostava de afirmar: "O servo de Deus deve estar sempre alegre".

E prosseguia: "Contanto que vocês não pequem, podem até rachar lenha em minhas costas".

***

Sempre fervoroso devoto de Nossa Senhora, ensinava: "A devoção a Maria é de grande necessidade, por não haver meio mais seguro de obter as graças divinas a não ser pela intercessão da divina Mãe".

Muitas vezes era visto em longos êxtases, mormente quando rezava.

***

Vitimado por ameaçadora e pungente enfermidade, já idoso, o Homem de Deus era assistido por quatro médicos que, não conseguindo mitigar as dores de seu paciente, resolveram, cabisbaixos e desanimados, deixar a enfermaria.

Súbito, ouviram:

— Não sou digno, dulcíssima Senhora, de sua visita!

Eles se voltaram e perguntaram:

— O senhor está se sentindo bem?

— Vocês não viram a Santíssima Virgem? Ela retirou todas as minhas dores!

E, endireitando o corpo na cama:

— Caros doutores, não se preocupem mais comigo! Não é desta vez que me vou! Vaso ruim não quebra à toa!

Depois desse acontecimento, São Filipe Néri viveu mais de um ano.

***

Foi canonizado, em 1622, pelo Papa Gregório XV.

FESTA DOS SANTOS JUNINOS

O povo brasileiro, carinhosamente, festeja no mês de junho os santos mais populares e mais venerados: Santo Antônio (dia 13), chamado Santo Casamenteiro; São João (dia 24), que preparou a vinda de Jesus Cristo e o batizou no Rio Jordão; e São Pedro (dia 29), pescador, chamado pelo Divino Mestre, foi o primeiro papa. Jesus disse: "Tu és Pedro (pedra) e sobre esta pedra edificarei minha Igreja" (Mt 16,13-20).

***

Noite de São João.

Fazenda Mantiqueira.

Nhô Tonho, incansável mestre-sala de todas as temporadas juninas desta propriedade, está a postos no enorme e belo salão.

Vai fazer aquilo que mais aprecia na vida: marcar quadrilha nas festas de junho.

Num reforçado tamborete a seu lado, mestre Duda Morte, grandalhão, notável bigodeira e longos cabelos loiros, dedilha feliz sua enfeitada e possante sanfona.

De onde veio o sobrenome Morte?

É que seus pais vieram da Europa, família Mortensisth. Os sertanejos tiveram dificuldade na pronúncia de seu nome e simplificaram-no para Morte. Daí, Duda Morte.

Nessa noite, o ambiente é todo festivo.

Lá fora, no grande terreiro, arde respeitável fogueira que ilumina o mastro encimado pelas estampas dos três padroeiros juninos: Santo Antônio, São João e São Pedro.

O céu está recamado de estrelas.

Dois famosos violeiros tocam suas violas, cantando em voz melodiosa e muito forte:

"Tenho meu chapéu de palha.
Que custou mil e quinhento.
Cada vez que ponho na cabeça.
Aparece um casamento.

Vô pulá fogueira.
Vô soltá balão.
Vô comê batata.
Vô soltá rojão".

As damas, usando tranças sob enfeitados chapéus de palha e com seus longos e floridos vestidos, alegram o salão.

Os cavalheiros, a maioria de botas cano longo, calças de brim e camisas listradas, de braços dados com suas mulheres adentram alegres e rumorosos o aconchegante e grandioso recinto.

Vai começar a tão esperada quadrilha.

Nhô Tonho, braços abertos, incita o povo, sob os atraentes sons da sanfona:

"Atenção, pissuá, vamu principiá a quadrilha.
Cumprimenta-se cavalheiros e damas.
Marcar passo.
Balancê.
As muié no meio do salão.
Os cavalleiro aproximando-se dum lado.
As dama do outro.
Todo mundo com as mão dada.
Balancê.
Tur.
Par com par.
Fazê roda de quatro pras dereita.
Roda pras esquerda.
Segue todo mundo com as mão dada.
Atenção.

Caminho da roça.
Aí vem chuva.
É mentira.
A ponte tá quebrada.
Mentira traveis.
Todo mundo faze tune.
Todos de mãos dada.
Estorô a boiada.
Balancê.
Vis a vir.
Tur.
Se balança, pissuá.
As dama no centro.
Sempre pras dereita.
Agora pras esquerda.
Par com par.
Todo mundo com as mão pro arto.
Vai acabá a luz.
É mentira.
Meia vorta... Mais meia vorta.
Fazê grande tune.
Vamo simbora.
Caminhando pro seus lugá.
Todo mundo com as mão dada".

Nesse momento, violentas cólicas intestinais alertaram Nhô Tonho de que em breve precisaria abandonar a festa, o mais rápido possível.

Ele tentou reagir.

Em vão!

A ditatorial e inadiável dor de barriga tornava-se cada vez mais insuportável.

Vencido, o altivo Nhô Tonho bateu palmas, gritando:

— Pissuá!... Eu vô tomá um café e já vorto.

Quase sem olhar por onde pisava, foi direto para trás de umas bananeiras, onde, rápido, foi aliviando-se das dores que tanto o agoniavam.

Minutos depois, estava no meio do salão.

Abrindo bem os braços e estalando a língua, exclamou:

— Êta cafezinho gostoso!

Mas, entre os foliões, estava o inconveniente Florindo, que berrou:

— Ô, Nhô Tonho, ocê esqueceu a cinta no pescoço!

OS HOMENS DE DEUS E OS CACHACEIROS

Os religiosos enfrentam, cotidianamente, engraçados, mas irresponsáveis ébrios que devem ser tratados com muito cuidado, para se evitar escândalo maior.

Vamos lembrar alguns casos:

Numa igreja do interior paulista, durante a missa, na hora do sermão, um exibido pingueiro pintou e bordou.

De pé, gingando e falando besteiras, diversas vezes forçou o sacerdote a perder o fio da meada.

Não se aguentando mais, o padre saiu-se com essa:

— Caros irmãos, o vício da bebedeira é horrível... É um dos piores vícios que existem!... Temos aqui na igreja uma pessoa que não está sóbria, mas bêbada. Vamos fazer o seguinte: quem estiver moderado, permaneça sentado; quem não estiver, fique em pé!

O pau-d'água não se deixou vencer... Triunfante gritou:

— Só nós dois, hein, seo padre!

***

Na rua, um bêbado encontrando-se com o religioso:

— A bênção, sô vigário!

— Deus te abençoe!

E o sacerdote, vendo o estado crítico do pobre:

— Que o anjo do Senhor te acompanhe!

Minutos depois, o infeliz caiu, resmungando:

— Qué acompanhá?!... Acompanhe, mas não precisa empurrá!

***

Décadas atrás, na Igreja católica, somente pessoas do clero podiam distribuir a sagrada comunhão.

Era vedado ao leigo tocar na hóstia consagrada. Eram poucos os diáconos casados.

Não se ouvia falar em ministro da eucaristia. Para receber esse sacramento, as mulheres se cobriam com seus belos véus; os homens se descobriam e, devotamente, todos se ajoelhavam junto à mesa eucarística, aguardando sua vez.

Nessa ocasião, também esperando a vez, estava um ébrio, desgrenhado, jogando o corpo para lá e para cá. Exalava fortíssimo cheiro de *mé*.

O padre, vendo o estado deplorável do infeliz, passava por ele sem o atender.

Minutos depois, o pé-de-cana bronqueou:

— Como é... Esse *sonrisal* sai ou não sai?!

***

Numa cidadezinha goiana, durante a missa, certo bêbado ora falava coisas desconexas em voz alta, ora resmungava palavras de baixo calão.

O sacristão, irritado, tentou levá-lo para fora do templo.

Tocou-lhe levemente no ombro, mas foi escandalosamente repelido:

— Qual é, sô! Não toque em mim. Eu sou tuberculoso em último grau! Não bota a mão em mim!

Logo depois, cambaleando, dirigiu-se para a rua.

No próximo domingo, sentado no último banco, perto da porta, lá estava o inconveniente sujeito.

Embora barbaçudo, mal trajado, com os cabelos sujos e em desalinho, o alcoólatra não estava prejudicando ninguém; portanto, sua presença era tolerada.

Afinal de contas, ele também era filho de Deus.

O padre começou a falar:

— Jesus veio para nos salvar...

O pingueiro começou a "botar as unhas pra fora". Gritou:

— É mentira... Jesus não existe!...

— ... E os santos são nossos protetores...

— Mentira!... Santo não existe!

O sacerdote perdeu a paciência:

— Senhor sacristão, vá buscar o Sargento Maneco para pôr este sujeito para fora daqui!

E o ébrio, apavorado:

— Não precisa!... Eu já vou indo...

E levantando a voz:

— O Sargento Maneco existe! E bate pra valer!

***

No término da festa beneficente, quase à meia-noite, o pároco chamou o motorista, seu auxiliar:

— Sr. João, está chegando a madrugada e temos três beberrões que se esqueceram da vida... O senhor pode levá-los para suas casas? Lamentavelmente, há pessoas que abusam da bebida alcoólica!

— E o endereço deles, o senhor tem?

— São pessoas muito conhecidas e nós vamos dar um jeito.

Conversa daqui, conversa dali, e o sacerdote conseguiu fazer pequeno rol dos endereços dos folgados cachaceiros.

Entregou-o ao senhor João, recomendando:

— Primeiro, Tonho da Silva, esse vai no banco detrás do motorista. Mora na rua tal, número tal... Segundo, Mané de Oliveira, que vai ao lado do Tonho e mora na rua tal, número tal. Por último, Bento, que vai ao lado do Mané, junto da outra janela. Mora na rua tal, número tal. Todos em nosso bairro!

Meia hora depois, desiludido, volta o pobre motorista:

— Seo padre, não tive como entregar eles!

E, abrindo os braços:

— Misturou tudo!

***

Era no tempo em que os padres aqui no Brasil eram obrigados a usar batina.

O Padre Onofre não era corpulento, mas tinha uma barriga proeminente.

Certo dia, passando tranquilamente pela avenida, viu um ébrio andando com um pé na guia e o outro na sarjeta.

Ia claudicando...

O religioso, com pena do infeliz, chamou-lhe a atenção:

— Você deve andar na calçada e não sobre a guia e a sarjeta!

— Muito obrigado!... Eu tinha certeza de que estava aleijado!

E, passando a mão na barriga do padre, gritou dando o maior vexame:

— Nossa Senhora do Bom Parto lhe dê uma boa hora!

***

No dia seguinte, para grande aborrecimento desse religioso, defrontaram-se de novo na avenida:

— A bênção, seo vigário!

— Deus te abençoe!

— Por gentileza, o senhor pode me dizer onde fica o outro lado dessa avenida? Por gentileza...

— É só atravessá-la e já estará do outro lado!

— É que eu estive lá e me disseram que o outro lado era aqui!

***

Domingo de manhã.

Perambulava pelas ruas calmas do bairro um ébrio roto, cabelos revoltos, risonho...

Exalava forte cheiro de pinga.

De vez em quando gesticulava e dizia palavras ininteligíveis.

Não tinha rumo certo.

Ao passar diante de um templo modesto, mas bem movimentado, ouviu de lá de dentro muitas vozes:

— Aleluia, aleluia! Viva Jesus!

Com dificuldades, cai não cai, subiu os três degraus da carcomida escadaria.

A porta estava aberta e ele foi entrando...

Encontrou um fiel e perguntou:

— Onde estou?!... Que joça é essa?!

— Olha o respeito, rapaz! Você está na Igreja dos Amigos de Jesus da Oitava Hora!

— O que está acontecendo?

— Estamos terminando um grande batizado.

Aproxima-se deles um sujeito bem trajado que se apresenta:

— Eu sou o Pastor Joaquim.

E, colocando a mão no ombro do visitante:

— O irmão já viu Jesus?

— Não senhor...

— Então vai ver!

— Cadê ele?

— Está nas águas do batismo.

Dando prosseguimento ao batizado, o religioso chegou-se ao primeiro candidato que estava na fila aguardando a vez, junto ao barril cheio d'água, e lá o mergulhou da cabeça até a cintura.

Depois perguntou:

— Você viu Jesus?

— Sim! Eu vi Jesus!

E o coro:

— Aleluia, aleluia! Viva Jesus!

O último batizando aproximou-se também do tonel e nele foi da mesma forma introduzido.

Logo depois, perguntaram-lhe:

— Você viu Jesus?

— Sim! Eu vi Jesus!

E o grupo:

— Aleluia, aleluia! Viva Jesus!

Finalmente, levaram o pobre cachaceiro para junto da grande vasilha com água. Ele não sabia do que se tratava. Estava mais por fora que *dedão de frade*.

De supetão foi mergulhado até a cintura.

Depois de ter engolido bons tragos de água, emergiu apavorado.

Perguntaram-lhe:

— Você viu Jesus?

— Não!

Novo mergulho.

Nova pergunta:

— Você viu Jesus?

— Que Jesus?

E, aflito, levantando os braços, continuou:

— Nem sei se ele caiu aqui!

***

Padre Alípio rezava tranquilamente seu breviário na sacristia da pequena igreja.

De repente, troou assustador o barulho de uma grande peça quebrada.

Correu até a entrada principal onde viu a imagem de São Cristóvão em cacos.

A seu lado estava um bêbado segurando um pedaço de pau.

O religioso perguntou:

— O que aconteceu?

E o ébrio:

— Quebrei o santo...

— Por quê?

— Porque ele estava olhando feio para mim!

***

Cambaleando no ônibus, o pinguço tombou sobre o sacerdote que, olhando firme para ele, lhe apontou o dedo em riste, falando:

— Você vai para o inferno!

— Ih!... Peguei o ônibus errado outra vez!

***

Em uma região muito pobre da América do Sul, ainda se conservava o costume de apedrejar, na calada da noite, as mulheres que traíam seus maridos.

"Que servisse de lição", diziam os moralistas.

Numa noite, aproximadamente às vinte e três horas, mais de uma dezena de vultos encapuzados, clareados pelo forte luar, cercaram uma jovem infiel, sussurrando:

— Morte à sem-vergonha! Morte à sem-vergonha!

Avisado pelos paroquianos, o pároco apareceu repentinamente, surpreendendo muitos com as pedras nas mãos.

Ele foi chegando e berrando:

— Parem! Parem!... Que falta de cristianismo!... Se algum de vocês nunca errou, atire a primeira pedra!

Atônita, a turma foi se debandando.

Deitado ali perto, estava um bebum.

Cutucado por alguém, levantou-se, irritado. Pegou meio tijolo e arremessou contra a pobre mulher que, por pouco, muito pouco, não foi atingida.

O sacerdote ficou furioso:

— Onde se viu fazer uma coisa dessas?! Quase matou a mulher!... Todos nós pecamos...

E, sacudindo o ébrio pelos ombros:

— Você também não erra?

— Sim... Mas nessa distância é a primeira vez!...

ESTRANHA ORAÇÃO: "É BARBA DI ONÇA!"

Aqui no Brasil, todos nós sabemos que o Estado de Santa Catarina é o preferido pela colônia alemã.

Em 1980, quando viajávamos para o Rio Grande do Sul, passamos em Joinvile, onde pedimos informações ao dono de uma vendinha; ele era um senhor calvo de olhos azuis, "da cor da serra ao longe", como diria José de Alencar.

— Bom dia!

Cumprimentei.

— Bom dia, senhór!

— O senhor pode nos informar onde fica o Hotel Tropeiro?

— Non estar longe... O senhór vai encontra uma pósto de gasolina nas próximas 500 metros. Lá eles informa direitinho onde ficar essa hôtel!

***

Três anos depois voltamos a Santa Catarina.

Ali passamos uma semana deliciosa.

No domingo, assistimos a um culto celebrado no idioma alemão.

Ficamos intrigados com o linguajar daquela gente. O sacerdote falava:

— Heilig Herz von Iesus! (Sagrado Coração de Jesus!)

— É Barba di Onça!

— Heilig Herz von Iesus!

— É Barba di Onça!

— Heilig Herz von Iesus!

— É Barba di Onça!

Mas que história de Barba di Onça é essa?!

Após a missa, procuramos nos inteirar do real sentido da tão esquisita reza...

Bem-humorado, o celebrante nos informou:

— A língua germânica tem muitas cacofonias como essas... Na oração, após minha fala, os fiéis responderam: "Erbarmen dich..." (apieda-te de...). *Erbarmen dich* soa como "é barba di..." *uns* (nós), após ligeira corruptela, fica "ons".

Daí: "É barba di onça!"

Santo Tomás de Aquino

SANTO TOMÁS DE AQUINO

(1225-1274)

Santo Tomás de Aquino era descendente do Imperador Frederico II da Alemanha e do rei francês Luís IX.

Daí o interesse de sua família em torná-lo importante, famoso e titular de um cargo de admirável prestígio como, por exemplo, abade de um grande mosteiro.

Seus familiares nunca esperavam que Tomás se tornasse frade dominicano mendicante da recente Ordem de São Domingos.

Com catorze anos, Tomás iniciou seus aprendizados relativos ao grande Aristóteles, orientado pelo eminente sábio Pedro de Irlanda, na Universidade de Nápoles.

Nesse conceituado centro cultural, o Santo conheceu a recém-fundada Ordem Dominicana, que acendeu nele a indelével chama do misticismo, de envolta com as importantes atividades intelectuais.

Despertou no jovem estudante o firme desejo de se tornar frade dominicano.

O pai, a mãe e os irmãos, todos se puseram em pé de guerra contra o jovem idealista.

***

Tomás, com dezoito anos, perdeu o pai e ingressou na Ordem de São Domingos, sem comunicar à família.

Foi um estouro!

Quê?! Um nobre Aquino deixar as riquezas do castelo para vestido de frade sair às ruas pedindo um prato de comida?! Jamais!

A mãe, desesperada, em companhia dos outros filhos, saiu à procura de Tomás: queria capturá-lo e levá-lo aprisionado para o castelo da família, em Roccasecca.

Ela teve muitas dificuldades, porque o superior da Ordem, prevendo a perseguição, transferiu o noviço para local ignorado.

O que não consegue um aflito coração materno?!

Teodora, sua mãe, conseguiu localizá-lo, juntamente com alguns frades.

Preso e escoltado pelo irmão mais velho, Tomás foi levado para o castelo da família, onde permaneceu prisioneiro numa torre, por mais de um ano.

Aí, lia muito, principalmente a Bíblia, e nada o demovia do ideal de se tornar frade.

***

No intuito de afastar seu filho da vocação indesejada por toda a família, Teodora, numa tranquila e enfadonha noite, preparou inusitada artimanha: Ajeitou uma bela e sensual rameira para passar algumas horas com o Santo.

Depois de bem preparada, perfumada e seminua, a prostituta foi encaminhada para a cela de Tomás que, no momento do encontro, remexia alguns gravetos na lareira, reavivando as chamas.

Ele tinha feito suas orações, após exaustivas leituras, preparando-se para dormir.

Súbito, aparece-lhe a figura exageradamente tentadora e lasciva.

Sob o clarão das labaredas, a cena arquitetada por Teodora mais parecia uma visão preparada pelo diabo.

Tomás dirigiu a tocha de lume estalante em direção à fracassada sedutora que, apavorada e esbaforida, tomou o rumo da porta e desapareceu, sem entender nada do que se passava.

Diz a lenda que o Santo, também assustado, fez com as chamas na parede o sinal da cruz.

***

Em 1245, Tomás conseguiu quebrar, junto a seus familiares, a ferrenha resistência a sua vocação religiosa.

Deixou o Castelo de Roccasecca e voltou a participar da Ordem Dominicana.

Por volta de 1247, o Santo, em Paris e, mais tarde, na Alemanha, teve um mestre célebre e canonizado: Santo Alberto Magno.

***

Um dia, Alberto Magno ministrava sua importante aula, procurando da melhor maneira possível atrair a atenção de seus alunos.

Tomás, apoiando o queixo com a esquerda, com a destra fazia anotações.

Nesse ambiente sério e cultural, um seu colega, espírito de porco, espicaçado pela inveja do brilhantismo de Tomás, chama a atenção do mestre:

— Professor, Tomás está babando!...

E, abaixando a voz:

— Parece mesmo um boi!...

E o mestre Alberto Magno:

— Não se preocupe! Um dia esse boi vai soltar mugidos que vão abalar o mundo!

***

A doutrina de Santo Tomás, também chamada Tomismo, sofreu muitos ataques da própria Igreja e teria *ido pro brejo*, se não tivesse o firme apoio, primeiro, de seus confrades dominicanos, depois, dos conceituados jesuítas.

A canonização de Santo Tomás, em 1323, pelo Pontífice João XXII, tirou toda e qualquer dúvida sobre a veracidade dos ensinamentos ministrados pelo santo canonizado.

***

O belo dia primaveril findava lentamente.

Tomás, abstrato, escrevia seus últimos trabalhos do dia.

Tão corpulento era que tinha mandado fazer uma abertura em sua mesa para nela adaptar seu corpanzil.

De repente:

— Dá licença, mestre...

E foi entrando um sujeitinho espigado, cabelos em desordem, olhar vivo, demonstrando sua grande sede de saber.

Era um conhecido herege; embora trabalhando em campo oposto, apreciava os argumentos de Tomás.

Chegando-se mais ao religioso, saudou:

— Mestre, boa tarde!

— Boa tarde!... O que manda?

— Gostaria de falar sobre a infalibilidade de sua Igreja...

— Pra começar, a Igreja não é minha!

— Seja... Vamos conversar?

Aí começaram os diálogos e surgiram as divergências...

Minutos depois, o visitante explodiu:

— Sabe, Tomás... de você para um burro não há muita distância!

E o Santo, bem-humorado:

— Não há mesmo... apenas um metro e meio que nos separa!

***

Em sua ampla e adaptada prancha de madeira, Tomás escrevia exaustivamente.

Súbito, alguém bateu à porta.

Veio de dentro a costumeira saudação:

— Ave, Maria!

Aberta a porta, surgiu um confrade leviano, tipo existente em qualquer setor da sociedade.

E o brincalhão começou:

— Ó Tomás, venha ver um boi voando!

O Santo largou seus trabalhos e, fora da sala, perguntou:

— Cadê o boi que você disse que estava voando?

— Oh, Tomás... Como você é ingênuo! Você acreditou que houvesse um boi voando?!

— Sim! Eu achava que era mais fácil um boi voar que um frade mentir!

***

No processo de canonização de Santo Tomás, um confrade que conviveu com ele em Nápoles, durante mais de um ano, assim falou: “Ele jamais atingiu alguém com palavras altivas ou injuriosas”.

Quando Tomás foi canonizado, o Papa João XXII declarou: “Santo Tomás de Aquino é um dos mais famosos Doutores da Igreja; sozinho, iluminou a Igreja mais do que todos os outros doutores”.

***

Tomás, divinamente inspirado, compôs muitos hinos e cantos sublimes, desses queremos destacar o *Adoro Te Devote* (Adoro-te com devoção), tão místico, tão expressivo e tão suave, que foi cantado nos templos católicos por gerações e gerações, no decorrer dos séculos até os dias de hoje, mormente perante o Santíssimo exposto.

Apresentamos aqui as três primeiras estrofes:

Adoro te devote, latens Deitas,
Adoro-te com devoção, ó Divindade escondida,
Quae sub his figuris vere latitas:
Que sob estas aparências verdadeiramente te ocultas:
Tibi se cor meum totum subjicit,
A ti meu coração se submete inteiramente,
Quia te contemplans totum déficit.
Pois, contemplando-te se desfaz totalmente.

Visus, tactus, gustus in te fallitur,
A visão, o tato, o paladar em ti se enganam,
Sed auditu solo tuto creditur:
Mas só pelo ouvido com segurança se crê:
Credo quidquid dixit Dei Filius:
Creio em tudo que disse o Filho de Deus:
Nil hoc verbo Veritatis verius.
Nada mais verdadeiro que esta palavra da Verdade.

Plagas sicut Thomas, non intueor:
As chagas, como São Tomé, não as vejo:
Deum tamen meum te confiteor.
Contudo, confesso que és meu Deus.
Fac me tibi semper magis credere,
Faze-me em ti sempre mais crer,
In te spem habere, te diligere.
Em ti esperar e mais e mais te amar.

Santo Antônio

SANTO ANTÔNIO
(1195-1231)

Santo Antônio nasceu em Lisboa, Portugal.

Pertencia a uma família nobre e de grandes posses.

Na pia batismal recebeu o nome de Fernando.

Sua infância e adolescência foram cercadas de grande conforto e especiais cuidados.

Percebeu que a riqueza, o luxo e as honrarias mundanas certamente não o levariam a Deus!

Ao se tornar franciscano, troca seu nome, mudando de Fernando para Antônio.

***

Em Camposampiero, o Homem de Deus tinha muita amizade com uma virtuosa pessoa: Conde Tiso.

Esse fidalgo é o mesmo que mandara construir um eremitério para os Frades Menores e bancava todas as despesas nele existentes; além disso, num gesto verdadeiramente nobre, fez com as próprias mãos uma casinha de madeira, na frondosa copa da nogueira, onde o Santo orava, fazia suas meditações e, às vezes, atendia àqueles que solicitavam seus conselhos.

Foi na casa desse conde que ocorreu um dos mais lindos milagres operados por intermédio do Santo.

Estranhamente, Antônio estava com a porta de seu quarto fechada há várias horas.

Em espaço de tempo menor, ele tinha o costume de se recolher para rezar ou se dedicar às contemplações.

Por que essa demora?

O que estaria acontecendo?

Curioso, o gentil conde anda de cá para lá e de lá para cá na frente da cela do Homem de Deus.

A noite vinha chegando...

O velho Tiso vê através da fresta do batente, escoando de lá de dentro, incrível claridade.

Aproxima-se pé ante pé e observa: Lá dentro, de braços abertos, o milagroso frade recebe, feliz, lindíssima criança do colo da Virgem Maria.

O velhinho ficou boquiaberto... Não acreditava no que via!

Pouco tempo depois, o Santo, percebendo que foi observado pelo amigo, chama-o e pede-lhe para não revelar o que presenciou, exceto após sua morte!

E o nobre, tempos depois, com a morte de Santo Antônio, reportou banhado em lágrimas a maravilhosa visão, jurando sua veracidade com a mão sobre a Sagrada Escritura.

***

Trinta e dois anos após a morte de Santo Antônio, foi aberta sua urna funerária e constatou-se que a língua do grande santo conservava-se incorruptível e rosada, enquanto que as outras partes de seu corpo, exceto os ossos, estavam reduzidas a pó.

Frei Boaventura, então ministro geral da Ordem e futuramente canonizado, presidia a importante transladação.

Estava debulhado em pranto.

Devotamente, pegou a milagrosa língua e a exibiu para a multidão, dizendo:

> "Bendita sejas, língua, que sempre bendisseste o Senhor e agora nos revelas como foram grandes teus méritos junto de Deus!"

Até os dias de hoje, a língua encontra-se exposta num portentoso relicário, na Basílica de Pádua.

***

O caro leitor sabia que Santo Antônio – representado por sua imagem, claro! – seguia os exércitos de Portugal e, séculos depois, os do Brasil, na qualidade de tenente-coronel, inclusive ostentando suas insígnias?

Não parece brincadeira?

Mas não é!

Nos exércitos formados por lusitanos e brasileiros, quando os conquistadores holandeses foram rechaçados de Pernambuco e da Bahia, e também de outras batalhas para a expulsão dos invasores e integração da Pátria, lá estava a imagem de Santo Antônio.

Vejamos um importante documento assinado por Floriano Peixoto, então Presidente da República:

> "Rio de Janeiro, 15 de outubro de 1890.
>
> Sr. Diretor da Contadoria Geral da Guerra:
>
> Deferindo a reclamação pelo Provincial dos Franciscanos, Frei João do Amor Divino Costa, e por essa repartição informada, em 24 de setembro último, declaro-vos que, enquanto por ato especial não for anulado o decreto de 26 de julho de 1814 que conferiu a patente de tenente-coronel da infantaria à imagem de Santo Antônio do Rio de Janeiro, deve continuar a pagar-se o soldo a que tem direito e que até agora tem sido abonado.
>
> Saúde e Fraternidade.
>
> Floriano Peixoto"

***

Inúmeros são os milagres operados pela poderosa intercessão de Santo Antônio.

Vejamos alguns:

Dia 13 de junho de 1231.

O Santo havia sido sepultado há poucas horas.

Ouvia-se em toda parte geral comentário: Os milagres de Santo Antônio.

Algumas pessoas acreditavam, mas se faziam de incrédulas para chamarem as atenções sobre si.

Foi o que ocorreu com um soldado espanhol que diante de várias testemunhas declarou:

— Vou atirar este copo de vidro naquelas pedras; se ele ficar inteiro é porque esse frade realmente faz milagres.

Imediatamente o lançou com muita força, mas o copo não quebrou.

Assustado e crendo, o militar diante de várias pessoas tartamudeou:

— Meu Deus, o homem é mesmo um santo!

Esse copo pode ser visto, ainda hoje, na Basílica de Santo Antônio, em Pádua.

***

Passeando num barco pelo imenso Rio Tejo, um jovem sobrinho do Santo caiu n'água, morrendo afogado.

O cadáver surgiu três dias depois, boiando sobre as águas. Já estava muito desfigurado.

A mãe, arrasada, apelou para Santo Antônio alegando, inclusive, seu parentesco junto ao Santo: "Se socorreste tantos estranhos, por que não irás nos atender, devolvendo a vida ao pobre cadáver? Se ele viver, será também um frade franciscano!"

O jovem ressuscitou.

Tornou-se, conforme o prometido, frade franciscano, o virtuoso Frei Aparício, conhecido por todos como "Frade do Milagre".

***

Em Nápoles, habitava uma jovem bela e de família tradicional, porém extremamente pobre.

A mãe, cansada de tanto miserê, tomou uma decisão insensata:

— Minha filha, precisamos sair dessa miséria... Convém que abandones esse negócio de virtudes e te entregues, sem escrúpulos, aos poderosos! Para que nos servem os bons costumes, se estamos cada vez mais no fundo do poço?!

E, desvairadamente, insistia... insistia... insistia...

Desesperada, a honesta mocinha apegou-se a Santo Antônio.

Numa ocasião, entrou na igreja onde se venera uma imagem milagrosa de Santo Antônio e suplicou:

— Santo Antônio, socorrei-me! É minha própria mãe que quer me prejudicar! Socorrei-me, meu glorioso Santo Antônio!

Logo após as preces, o Santo entregou-lhe um bilhete, recomendando:

— Entrega este recado ao comerciante fulano de tal. Ele é muito conhecido na cidade.

A jovem, de posse do bilhete, dirigiu-se ao citado negociante que atentamente leu:

> "Dareis à mulher que vos apresentar este papel, para seu dote, o peso deste mesmo papel em moedas de prata.
>
> Saudações.
>
> Santo Antônio".

Após a leitura, o sujeito que não primava pela discrição caiu na gargalhada:

— Quá... Quá... Quá... Essa é boa! O que será que o pobre de seu futuro noivo vai fazer com a prata do peso dessa folhinha de papel?! Quá... Quá... quá... Mas vamos atender!

Colocou o papelzinho num prato da balança e no outro uma pequena moeda de prata.

O prato nem se mexeu!

Colocou outra moeda, mais outra e outra ainda...

Nada!

O gozador se apavorou:

— Meu Deus!...

A balança só se nivelou quando foram colocadas quatrocentas peças de prata.

Aí, o comerciante lembrou-se de que, tempos atrás, na hora de um grande apuro, tinha prometido ao Santo quatrocentos escudos de prata, porém jamais cumpriu a promessa. Agora ele veio cobrar desse modo fantástico.

***

É admirável a rapidez com que Santo Antônio foi canonizado: onze meses após sua morte.

O mundo cristão retribui os favores recebidos por intercessão desse poderoso santo visitando devotamente e com grande frequência sua acolhedora Basílica de Pádua.

Santo
Inácio de Loyola

SANTO INÁCIO DE LOYOLA
(1491-1556)

Fundou a Companhia de Jesus (padres jesuítas) que logo se espalhou pelo mundo inteiro.

O lema de sua instituição: AMDG – *Ad Maiorem Dei Gloriam* (Para Maior Glória de Deus).

Inácio de Loyola, quando jovem, era um brilhante e janota oficial espanhol, de família nobre.

Segundo suas próprias palavras, "por inspiração divina, deixou a fidalguia para se tornar mendigo".

Dizem os biógrafos que o pedinte a quem Inácio deu suas roupas de luxo saiu-se mal, porque momentos depois foi preso, acusado de tê-las roubado. Todos pensavam: "Como era possível um pobre coitado estar com vestes tão luxuosas?"

O mendigo só conseguiu a liberdade após a intervenção do Santo.

***

O fundador da Companhia de Jesus nos conta este notável episódio:

Ele, em companhia de dois confrades, precisava viajar para Veneza.

Um opulento navio mercante estava ancorado, aguardando passageiros. Seu capitão era um tipo muito empavonado e demasiadamente rico.

O preço das passagens era muito elevado: chegava às raias da exorbitância. Os religiosos dispunham, com muita dificuldade, do dinheiro para comprar apenas duas passagens.

O terceiro religioso ficaria a ver navios.

Nesse dia Loyola estava ausente.

Entabulou-se uma conversa com o petulante dono da embarcação:

— Senhor Capitão, solicitamos-lhe encarecidamente, pelo amor de Deus Nosso Senhor: permita que nosso irmão Loyola viaje conosco gratuitamente, tendo em vista que nós dois já temos passagens!

O bacana irritou-se:

— Como? Viajar três com duas passagens?!

E dando um passo para trás:

— Nunca!

— Mas, Senhor Capitão, o senhor sabia que ele é santo?

— Ah, é santo... Muito bem. Ótimo!

— Pode viajar conosco?

— Uai... Se ele é santo não precisa viajar de navio! Vai a pé pelas ondas do mar!

***

Santo Inácio narra também que, prosseguindo viagem sozinho para Gênova, passou por Ferrara, tendo de enfrentar ora franceses, ora espanhóis, porque a Itália do Norte estava em estado de beligerância.

Uma pequena povoação estava nas mãos dos franceses, a outra era dominada pelos espanhóis.

Ele estava sempre arriscando a vida, porque, quando caía em poder de seus compatriotas, era suspeito de espionagem. Até cismavam que ele tivesse sob suas roupas documentos que o incriminassem e chegavam mesmo a deixá-lo completamente nu.

Os espiões eram levados sumariamente à forca.

Inácio resolveu responder aos interrogatórios displicentemente.

Fazia-se de surdo ou de abestalhado.

Certo dia, os soldados levaram-no à presença de um comandante irritadiço, o tal pavio curto, que berrou a seus comandados:

— Imbecis!... Cambada de estúpidos!... Vocês não têm massa cinzenta na cabeça?

E aprumando-se raivoso:

— Trouxeram minha presença esse idiota ao invés de um espião. Sumam de minha vista com esse paspalho!

***

O Santo, ao enviar seus teólogos aos países protestantes, tais como Alemanha e Inglaterra, recomenda-lhes a prática do apostolado da palavra; nunca fazer alarde, perseguindo os hereges.

Ele adverte ainda que não concebe a Companhia como um exército contra alguém ou contra alguma coisa. Fundou-a para difundir o reinado de Jesus, prestando obediência ao papa, seu representante na terra.

Santo Inácio foi canonizado por Gregório XV em 1622.

Madre
Teresa de Calcutá

MADRE TERESA DE CALCUTÁ
(1910-1997)

Nasceu na Albânia em 1910, recebendo na pia batismal o nome de Agnes.

A revista "Seleções" de maio de 1991 revela-nos edificante fato ocorrido com a mundialmente conhecida Madre Teresa.

O artigo é intitulado: "A dádiva de Madre Teresa", autoria de Bárbara Bartocci.

Trata-se de um terço ofertado pela religiosa, o qual proporcionou inúmeros benefícios para todas as pessoas que devotamente o usaram e o restituíram, recomendando: "estou devolvendo porque pode fazer falta para alguém".

***

Em Calcutá, Agnes, andando pelas ruas da favela, em seu piedoso afã de ajudar os desfavorecidos pela sorte, levou à farmácia uma longa relação de remédios.

Ao lê-la, o farmacêutico quase teve uma apoplexia.

Com muito azedume, perguntou:

— A Senhora vai pagar?

— Não! Digo, vou pagar com fervoroso "Deus lhe pague!".

— Pois não posso lhe servir!

A freira nada respondeu.

Sentou-se num banco, puxou o rosário e foi rezando...

Horas depois o boticário chegou-se a ela:

— Pode levar os remédios e que Deus a proteja!

***

Madre Teresa fundou a Ordem dos Missionários da Caridade.

Seu lema era: "Servindo aos mais pobres, servimos diretamente a Deus".

Em 1979, ela recebeu o tão cobiçado e valioso Prêmio Nobel da Paz.

Nessa ocasião surgiram cartas e congratulações de todo o mundo. Somente de líderes mundiais foram recebidos mais de 500 telegramas.

Os padres de sua Ordem, os irmãos e também os voluntários formam grande exército que atinge quase uma centena de países, levando aos milhares e milhares de necessitados – desabrigados, famintos, doentes, inclusive leprosos e aidéticos em fase terminal – a dignidade e o valioso calor humano, de envolta com a esperança de uma vida melhor.

***

Madre Teresa e suas missionárias faziam diversos tipos de trabalhos pesados e repugnantes em prol dos enfermos.

O Senador Eduard Kennedy resolveu fazer uma visita a Calcutá. Queria ver, ao vivo, a labuta das religiosas entre os pobres e desprezados doentes.

Súbito, deparou com uma freirinha, lavando roupas da enfermaria.

Reconheceu nela Madre Teresa. Pediu-lhe:

— Posso apertar-lhe a mão?

— Minhas mãos estão sujas...

Mas ele segurou e apertou-lhe a mão, dizendo:

— Quanto mais sujas elas estiverem, mais honrado me sentirei, porque o trabalho de vocês aqui é nobre... É divino!

***

Na Irlanda, em 1993, diante de uma admirável multidão de dezenas de milhares de ouvintes, Madre Teresa falou atacando veementemente o aborto.

Nessa ocasião, como de costume, o povo, exibindo seus terços, pedia a Madre Teresa que os abençoasse.

Uma jovem grávida, agarrando a mão da freira, exclamou:

— Estou esperando um bebê para os próximos meses... Queira rezar por mim!

Madre Teresa sorriu:

— Deus te abençoe, e que a criança seja mais uma Missionária da Caridade!

***

Calcutá, no dia 13 de setembro de 1997, surgiu nevoenta e ainda mais triste que em outros dias.

Nessa data, perante 500.000 pessoas, acontece o funeral de Madre Teresa, sua grande benfeitora.

Paulatinamente, seguindo o cerimonial, centenas e centenas de coroas de flores são depositadas junto a seu esquife.

A Madre tem em sua cerimônia de enterramento honras de chefe de Estado.

Durante as transmissões dos funerais, que duraram duas horas e meia, milhões de telespectadores de todo o mundo ficaram emocionados.

O apresentador da televisão da América Latina dizia:

— Agora a primeira-dama dos Estados Unidos, Hillary Clinton, vai depositar a coroa de flores...

E prosseguindo:

— O Presidente Indiano Shri K. R. Narayanan... A Rainha Sofia da Espanha... Bernadette Chirac da França... Henry de Souza, Arcebispo de Calcutá... O Vice-Presidente do Brasil... a Viúva Rajiv Gandhi...

Na Índia e região é costume os homens usarem uma pequena saia entre os joelhos e a cintura.

Foi por causa desse saiote que o animador de televisão se embananou todo ao anunciar a presença da autoridade paquistanesa:

— Agora é a vez de apresentar suas homenagens o Ministro do Paquistão... Mil perdões, a Ministra... Digo o Ministro, aliás, Ministra... Bem, de fato, o Ministro...

***

Em um dos processos mais rápidos da história, o Papa João Paulo II beatificou em 19 de outubro de 2003 Madre Teresa de Calcutá.

Mais de trinta e cinco mil páginas, encadernadas em setenta volumes, foram mandadas para o Vaticano.

Para assistir às cerimônias e, também, a fim de homenagear os 25 anos de pontificado de João Paulo II, foram à Praça de São Pedro, em Roma, aproximadamente quatrocentas mil pessoas de todas as partes do mundo.

São Francisco Xavier

SÃO FRANCISCO XAVIER
(1506-1552)

Era jesuíta.

Nasceu em Navarra, na Espanha.

Seu pai trabalhava no palácio real, exercendo o pomposo cargo de conselheiro.

Francisco foi um dos primeiros missionários da Companhia de Jesus, fundada recentemente por Santo Inácio de Loyola.

Foi ordenado sacerdote em 1537, sendo seu principal campo de trabalho o Extremo Oriente.

Era cognominado *Apóstolo das Índias.*

Em meados do século XVI, foi para o Japão, onde converteu mais de dois milhões de japoneses.

É com dor no coração que se despede de seus confrades para iniciar longas viagens missionárias pelo mundo, naqueles tempos cercadas de mistérios.

A quilometragem viajada por ele pode ser equiparada a duas vezes a volta ao mundo; convém frisar que, naquela época, as embarcações eram frágeis e perigosas.

O Missionário acalentava um grande sonho: Evangelizar a China.

Fazia essas aventuras não por prazer, pois constantemente estava arriscando a vida, mas para maior glória de Deus.

***

Embora com recomendações assinadas e timbradas pelo papa e pelo rei, Francisco conservava-se humilde e prestativo.

O capitão do navio reconhece nele influente e santa pessoa.

Insiste para que participe das refeições ao lado de altas personalidades civis e militares, mas Francisco prefere ficar entre os pobres, trabalhando, rezando e cuidando dos enfermos.

***

Francisco Xavier ressentia-se, com amargor, do distanciamento de seus irmãos missionários e pedia a Inácio de Loyola, o fundador, mais correspondência, pelo amor de Deus.

Não havia desinteresse de Inácio; havia, sim, péssimas condições de transportes.

Numa ocasião, o fundador escreveu ao Missionário Francisco: “Estou tão ansioso por ter notícias suas que gostaria, inclusive, de saber quantas pulgas o picam à noite”.

***

Francisco Xavier faleceu numa ilhota, distante e tranquila, chamada *Chang-Chuen-Shan*, longe, bem longe de seus estimados confrades.

Mais tarde, um ano depois, seu corpo foi enviado para Goa.

Foi canonizado em 1622 e proclamado Padroeiro das Missões.

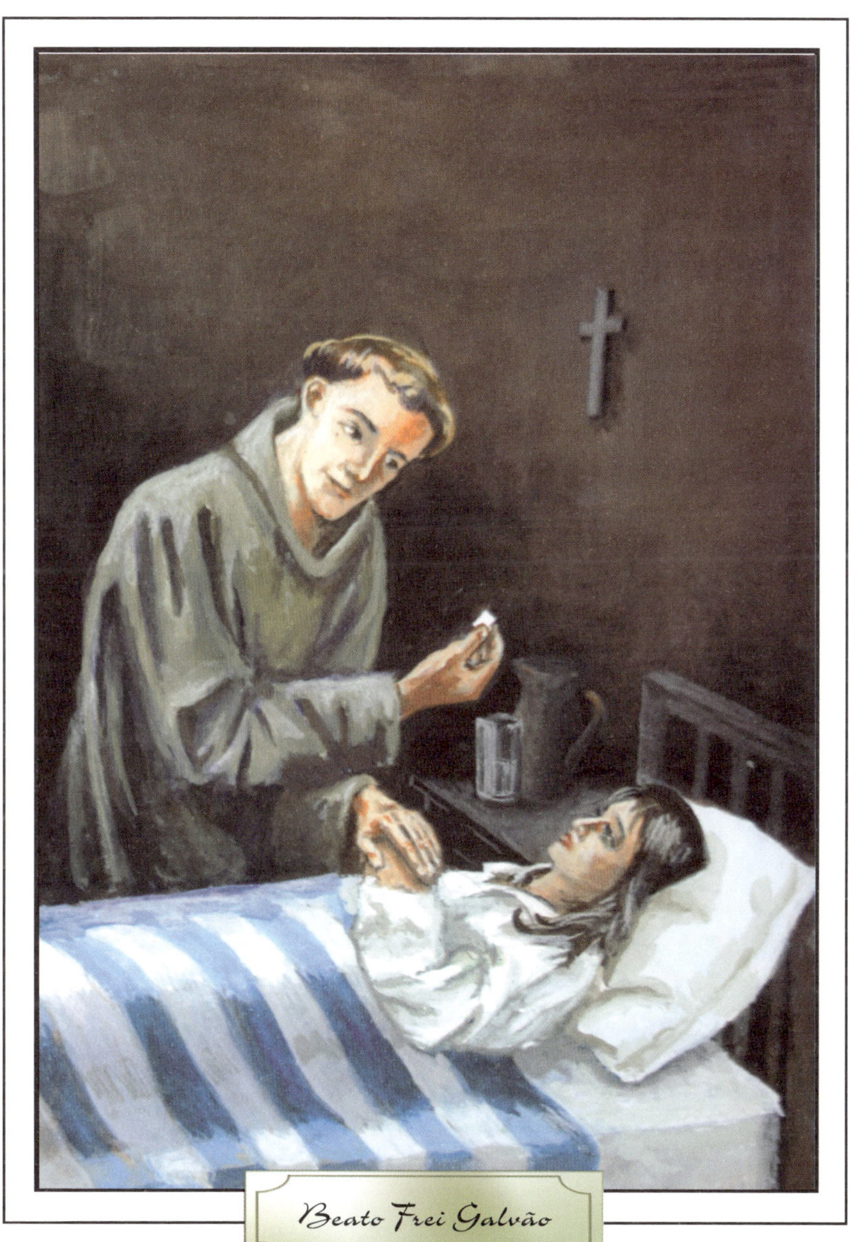

Beato Frei Galvão

BEATO FREI GALVÃO
(1739-1822)

Quem não conhece as *pílulas de Frei Galvão*?

Elas tiveram origem na imensa devoção de nosso Frei à Maria (Imaculada).

Um jovem sofria demasiadamente por causa de um cálculo renal.

Seus amigos vieram ao Homem de Deus suplicar-lhe pela cura do moço.

Compadecido, Frei Galvão pegou um pedaço de papel e nele escreveu, em latim, algumas palavras do Ofício de Nossa Senhora; cortou-o em pedacinhos e pediu para o doente tomá-los à guisa de pílulas. Logo após engoli-los, o jovem expeliu grande cálculo e ficou são.

Em diversas outras ocasiões, o milagreiro servo de Deus apelou pelo socorro da Virgem Maria através de suas eficientes e famosas pílulas, cada vez mais procuradas até os dias de hoje.

São distribuídas pelas freiras do Mosteiro da Luz, em São Paulo-SP.

***

Morava num sítio em Itu-SP um caboclo trabalhador, mas muito irritadiço; tinha os nervos à flor da pele. Era chamado de Tião Canabrava.

Por causa das pesadas lidas para manter suas terras em ordem, Tião ficou muito enfermo.

De nada lhe valeram seus remédios caseiros. Aconselharam-no a chamar o benzedor, mas ele disse que não... "que só *creiava* e muito no Frei Galvão".

Fez uma promessa: "Frei Galvão, se eu sará, eu vou levá pru sinhô uma vara de frango, com 12 dos mió frango que nóis pissói aqui no sítio".

Não se passaram três dias e o generoso Tião, perfeitamente curado, resolveu cumprir a promessa. Numa inesquecível manhã primaveril, com sol brilhando muito, a mata em flor e a passarada em festa, o bondoso pagador de promessa amarrou os 12 belos frangos numa vara e, feliz, dirigiu-se para a residência de seu benfeitor. Com a seleta dúzia de galináceos às costas, o matuto caminhava numa estradinha ladeada de mato fechado quando um frango, o pedrês, saltou-lhe da vara correndo em direção aos emaranhados arbustos.

Canabrava, que não era lá muito católico, depositou as outras aves no chão e saiu em desabalada corrida à caça do fujão, gritando:

— Péra aí, sua penosa, mardita dos infame...

Chegando mais perto e vendo o pedrês entalado num espinheiro, desabafou:

— Péra aí, frango do diabo!

Pegou o fugitivo, amarrou-o na vara e continuou seu caminho.

Uma hora depois, chegava à morada de Frei Galvão, que sorridente e afável o cumprimentou e, com paternal "Deus lhe pague", recebeu os frangos, recusando o pedrês.

— Uai, por quê?

Perguntou o caboclo.

— Porque já o deste ao diabo.

Tião ficou boquiaberto... Como o Frei podia adivinhar o que aconteceu naqueles matos?

***

Naquela época, final do século XVIII, havia um rico fazendeiro, católico apenas *socialmente*; entretanto, quando ia à cidade, gostava de trocar ideias com o virtuoso e culto Frei Galvão.

Muito arguto, o zeloso franciscano percebeu logo a maneira ríspida como o ricaço tratava seus escravos. Ele se ufanava em dizer:

— Não admito, absolutamente, que escravo meu fale comigo sem ser perguntado. Eu costumo até ameaçar cortar a língua do desobediente.

O religioso pacientemente o advertia:

— Não se esqueça de que o escravo também é um ser humano. Cuidado: O tratamento cruel dos escravos pode acarretar-lhe alguns dissabores!

Numa tardezinha, sentado no alpendre do casarão, o ricaço chamou dois cativos de sua confiança, dizendo-lhes:

— Amanhã, vocês irão à fazenda de meu amigo Coronel Totonho e vão entregar para ele os convites, convidando ele, a família e os amigos a participarem da grande festa de meu aniversário. Espero que todos venham.

Passaram-se os dias.

Chegou, finalmente, o tão esperado dia da festa. Mas os ilustres convidados não apareciam... Irritado, o rico fazendeiro chamou os dois escravos:

— No mês passado mandei vocês convidarem meus amigos para a festa de meu aniversario e até agora nada: O que aconteceu?

— Meu sinhô... O Coroné disse pra nóis que não podia vim.

— Ué... Por que não me avisaram?

— Pruquê o sinhô não pregunto e nóis fiquemo cum medo do sinhô cortá nossa língua.

***

Frei Galvão, religioso da Ordem dos Franciscanos, era muito respeitado não só pela fama de santidade, mas também por sua grande erudição.

Entre outros, ele teve os seguintes dons: bilocação, levitação, êxtase e milagres.

Apresentamos um dos casos extraordinários de sua vida:

A senhora Maria Josefa Cerqueira estava gravemente enferma.

Consultou em Itu o Dr. Engler, famoso médico alemão, que não conseguiu descobrir o motivo de sua enfermidade.

Nosso Frei, que passava naquela região, foi chamado para mitigar as dores da pobre doente.

O religioso mandou que fizessem um chá de laranjeira e, após benzê-lo, pediu a dona Maria Josefa para tomá-lo.

Alguns minutos depois, ela expeliu via oral um osso de peixe; logo depois estava perfeitamente curada.

***

Para se ter noção melhor de quanto nosso frade era querido, vejamos um trecho da carta assinada por unanimidade dos vereadores da Câmara Municipal de São Paulo, conforme Tombo Geral da Província, fls. 141, Rio de Janeiro (1798):

> "todos os moradores desta cidade não poderão suportar um só momento a ausência do dito Religioso, quando concorrer ao capítulo no fim de seu governo. Este homem tão necessário às Religiosas da Luz é preciosíssimo a toda esta cidade e vilas da Capitania de São Paulo; é homem religiosíssimo e de prudente conselho; todos acodem a pedir-lho; é o homem da paz e caridade, todos buscam sua virtude. E como é uma virtude examinada e provada no longo espaço de muitos anos cuidam – e com razão – estes povos, que por ele lhes desçam as bênçãos do céu, e todos a uma voz rogam e pedem que lho não tirem..."

***

Frei Antônio de Santana Galvão, primeiro santo brasileiro a ter a glória de ser elevado aos altares, nasceu em Guaratinguetá, Estado de São Paulo, e faleceu no Mosteiro da Luz, em São Paulo, Capital.

Foi beatificado pelo Papa João Paulo II em 1998.

Festa de Caná

A FESTA DE CANÁ

Rolava alegre e aconchegante a histórica festa de casamento em Caná, na Galileia.

Lá estavam Jesus, Maria, sua Mãe, e os discípulos.

Não obstante, preparadas com esmero, as bodas estavam destinadas lamentavelmente ao fracasso.

Por quê?

O vinho, adquirido em grande quantidade, estava se acabando, muito embora houvesse ainda um ou outro conviva chegando.

Mas, ajudando na cozinha, estava Maria atenta a todas as circunstâncias. Foi a primeira pessoa a perceber que o vinho tinha acabado.

Aproximou-se de Jesus:

— Eles já não têm vinho!

E o Divino Mestre, com brandura:

— Mulher, isso não compete a nós. Minha hora ainda não é chegada!

A Mãe de Jesus tinha certeza de que seu Filho iria atendê-la.

Disse, pois, aos serventes:

— Fazei o que ele vos disser!

Havia ali seis talhas de pedra, com capacidade para cem litros cada, destinadas à purificação dos judeus.

Jesus ordenou que as enchessem de água.

Encheram-nas até a borda.

Prosseguiu Jesus:

— Tirai agora e levai ao mestre-sala!

Este experimentou e, dirigindo-se ao noivo, disse:

— É costume servir primeiro o bom vinho e mais tarde, quando todos já estiverem quase embriagados, serve-se o inferior... Tu fizeste o contrário e guardaste o melhor vinho para depois!

Nesse episódio, por intermédio de quem os donos da festa foram salvos de vexames sem precedentes?

De Maria!

Amáveis leitores, eis uma belíssima lição que deve ser aproveitada por todos nós! Jamais devemos afastar-nos do poderoso auxílio de Maria!

***

Por volta de 1215, a Quinta Cruzada, capitaneada por Inocêncio III, travava ferozes combates para reconquistar o Santo Sepulcro.

Num desses sangrentos teatros de operações bélicas, um combatente cristão, devoto da Virgem Maria, cai prisioneiro dos muçulmanos.

É conduzido para o alto de um castelo, onde está o elevado escalão dos infiéis.

Lá em cima, olhou-os fixamente: um mais feio e mais assustador do que o outro.

Sentiu que a qualquer momento seria traspassado pelo afiado sabre exibido na cinta de seus inimigos.

Recolheu-se em fervorosa oração.

Percebeu que só por um milagre conseguiria saltar daquela altura sem se esborrachar no solo.

Teve muita fé e gritou:

— Virgem Maria, salvai-me!

E pulou.

Olhando para baixo, o comandante, gargalhando, observou:

— Vamos ver se sua Maria vai salvá-lo!

Mas, logo, todos os risos se apagaram nos lábios dos incréus ao verem o devoto de Maria levantar-se e tomar o caminho da liberdade.

***

O Sorriso da Virgem.

Santa Teresinha do Menino Jesus nos reportou em sua autobiografia:

"Amo demais a Virgem Maria! Ela é mais Mãe do que Rainha. Ela apareceu-me de repente, transmitindo bondade e ternura. Jamais encontrarei palavras para descrever sua beleza divina. Seu olhar era doce. De seu rosto emanavam doçura e unção. E seu sorriso?! Ah! O sorriso da Virgem Santíssima foi o que mais me encantou! Nossa Senhora sorriu para mim! Nesse momento desapareceram meus sofrimentos. Incontidas e grossas lágrimas banharam minhas faces. Oh! Como sou feliz, sabendo que sou sua filha!"

Poucos dias após esse acontecimento, Teresinha estava inexplicavelmente curada.

***

A angelical saudação a Nossa Senhora, a confortante Ave-Maria, é interpretada pelos santos dessa maneira:[1]

Santo Tomás de Aquino:
"Eu daria toda a minha ciência teológica pelo valor de uma única Ave-Maria".

São Bernardo:
"A Ave-Maria é um beijo carinhoso que damos em nossa Mãe do céu. Ela devolve os beijos. Quantas vezes a saudarmos, tantas vezes ela devolverá nossas saudações. Se lhe fizermos mil saudações, mil vezes ela responderá".

Santo Alberto Magno:
"A Ave-Maria é a porta do paraíso".

---

[1] Fontes: Cardeal Lorscheider. *Revista de Aparecida*, março de 2003.
Pe. Eugênio Antônio Bisinoto, C.Ss.R. *Jornal Santuário de Aparecida*, março de 2003.

Santa Teresa d'Ávila:

"Eu ficaria de bom grado na terra até o fim do mundo, sofrendo os piores tormentos, só para conseguir o merecimento de uma Ave-Maria".

São Francisco de Assis:

"Quando digo Ave, Maria, os céus sorriem, os anjos rejubilam, o mundo se alegra, treme o inferno e fogem os demônios. Vós sois, ó Maria, a filha do Altíssimo Pai Celestial, a Mãe de Nosso Senhor Jesus Cristo e a Esposa do Divino Espírito Santo".

***

Apresentando a passagem bíblica em que aparece o poderoso pedido de Maria nas bodas de Caná, acode-me à mente recordações do Santuário de Lourdes, na França, onde ocorrem incríveis e comprovados milagres operados por intercessão de Nossa Senhora.

Em maio de 1995, tivemos inefável satisfação: conhecer o grande Santuário de Lourdes.

Era de tardezinha, quase noite.

No imenso e sagrado recinto, o mais visitado do mundo, viam-se dezenas e dezenas de fiéis em suas cadeiras de rodas, alheados em compenetradas orações, por si mesmos e pelos parentes e amigos que não puderam vir.

Surgiam pequenas procissões e vários grupos de pessoas expressavam-se num linguajar diferente, muitas debulhavam as contas do rosário, em absorta prece. Aqui estavam peregrinos dos quatro cantos do mundo.

De vez em quando, os alto-falantes punham no ar a suave *Canção de Bernadette*, em francês, espanhol, alemão, inglês, italiano e português.

No mês de maio, em Lourdes, anoitece aproximadamente às 21h30min.

Começando a escurecer, uma grande e luminosa procissão, formada por diversas filas de seis a oito pessoas, ostentando suas velas acesas protegidas por guarda-ventos de papel, dirigia-se à igreja principal rezando nos idiomas citados.

Fomos informados de que essas demonstrações de fé acontecem cotidianamente. Esse dia, por exemplo, era uma segunda-feira comum.

Outra coisa notável: a cada ano, mais de mil e seiscentos médicos prestam serviços gratuitos aos devotos de Lourdes.

Relendo a velha revista "Seleções" de março de 1956 (Seção de Livros), deparei-me, faceiro, com os depoimentos da escritora americana Ruth Cranston.

Para elaborar uma pesquisa autêntica, ela morou mais de um ano em Lourdes, onde acompanhou os trabalhos de médicos, enfermeiros, padioleiros e doentes (os peregrinos chamados "miraculés", que foram beneficiados com milagres e que voltam ao Santuário todos os anos, com excelente disposição para ajudar os carentes).

O que atraiu irresistivelmente a escritora Ruth a acompanhar e a relatar os acontecimentos de Lourdes foi, primeiro, o desejo de apurar o que havia de verdadeiro em tudo o que se propalava e, depois, a leitura de sensacional reportagem relatando grandes curas: câncer no estômago, peritonite, tumor pulmonar, angina... E também a manchete:

"Criança idiota curada em Lourdes, menino de sete anos recupera a inteligência depois de viver durante anos como animal".

O nome dessa pobre criança é Guy Leidet. Alguns anos depois, a incansável escritora americana foi à casa dos pais de Guy, em Saint-Etienne, onde viu um belo e simpático jovem de 14 anos, que, segundo o pai, tinha feito jus a uma bolsa de estudos na Inglaterra.

Este moço era Guy.

Seus pais informaram que o garotão goza de ótima saúde (como sói acontecer com todos aqueles que receberam milagres).

Convém trazer à mente o caso daquela pobre criança com crise aguda de meningoencefalite, terrível doença cerebral que lhe paralisou os braços e as pernas, causando-lhe convulsões e ataques epiléticos e tirando-lhe, até mesmo, as faculdades mentais.

Levado a Lourdes, e após o contato com suas águas, o menino logo reconheceu sua mãe.

Mais tarde, ele foi examinado por quarenta médicos que, estupefatos e unânimes, o declararam normal.

Em sua pesquisa no Santuário, a escritora apresenta algumas características daqueles que alcançaram milagres: gozam sempre de ótima saúde, parecendo imunes a qualquer tipo de doença; são muito modestos e geralmente se recusam a participar de publicidades; desfrutam intensa paz interior e são gratos à Virgem não apenas pela cura física.

Foram citados inúmeros outros milagres confirmados pelo Bureau Médico, inclusive por médicos de outras religiões.

Ao finalizar suas reportagens, a escritora afirma que os incrédulos (os piores cegos são aqueles que não querem ver...) costumam dizer: "É fantástico demais para eu acreditar".

Ela usa uma feliz comparação dizendo que na época em que trabalhava na Ásia, na qualidade de repórter, os habitantes de lugarejos longínquos – da China e da Índia – "não acreditavam nos arranha-céus de Nova York; porque nunca os tinham visto, logicamente não podiam existir!"

***

Em meados do século XIX, Bernadette Soubirous, a notável santa de Lourdes, encantava o mundo com os milagres, muitas vezes comprovados pela Igreja e pela ciência e que aconteciam através das águas da fonte miraculosa, apresentada por ela.

Aconteceu que uma jovem cega de nascença, após visitar a gruta e ter contato com a água, sentiu-se curada. Cheia de gratidão e querendo testemunhar ao mundo sua cura milagrosa, mediante atestado médico, foi com sua mãe ao consultório de um incréu oftalmologista que, repassando diante dela as letras, ia indagando:

— Você é capaz de ler isto?

— Não, senhor!

— E estas letras maiores?

— Não, senhor! Não posso ler!

O doutor irritado:

— Vocês têm muita fantasia...

E, apontando a jovem:

— A mocinha cega disse que estava enxergando... Vocês se agarram em qualquer graveto! Imagine... Ela não é capaz de ler nem umas letras deste tamanho!

A mãe interveio:

— Doutor, ela nunca aprendeu ler!

São Pedro

SÃO PEDRO

Jesus andava nas praias do Mar da Galileia.

Estava sozinho.

Deparou-se com dois pescadores: Pedro e André.

Eram irmãos.

Efetuavam suas primitivas pescarias, com redes e barco a remo.

Disse-lhes o Cristo:

— Sigam-me!

Quase automaticamente, os dois em companhia dos outros irmãos, Tiago e João, deixaram tudo e o seguiram.

Pedro era um simples, pobre e ignorante pescador. Seu mundo eram as redondezas do Lago de Genesaré.

Sua vidinha, apenas isso: da pescaria para seu barraco e do modesto lar para as pescarias no famoso lago.

Talvez nem ler soubesse.

Cultura?! É como diz a expressão popular: "Cultura ali era manga de colete!"

Só entendia de redes e peixes.

***

No início das pregações, Pedro teve dificuldades para se adaptar às atividades do Divino Mestre, porque eram contraditórias a seus costumes judaicos, por exemplo: Jesus efetuava curas aos sábados e colhia espigas de trigo nesse dia especial.

Mas Pedro, no decorrer dos tempos, testemunhando os milagres feitos pelo Nazareno, teve sua fé aumentada sensivelmente.

***

Era noite fechada.

Sem a presença do Mestre, os apóstolos tentavam remar para o outro lado dessa grande concentração de águas.

O barco dos pescadores, quase desgovernado, dançava estrepitosamente sobre as vagas tangidas contra ele.

Enfurecendo-se cada vez mais, o forte vento varria as cristas das ondas, levantando ondulações perigosas e assustadoras.

De repente, surgiu um vulto andando sobre as irrequietas águas, aumentando ainda mais o terror dos apavorados pescadores que não se contiveram e se puseram a clamar em altos brados.

Que *visão* era aquela?

Era Jesus, que também gritou:

— Sou eu! Tenham calma!

Pedro, o líder, o valentão do grupo, berrou:

— Ó Mestre!

— Sim!

— Se é o Senhor mesmo, espere aí que lá vou eu!

— Pode vir!

Ouvindo isso, pulou sobre as águas.

Conseguiu avançar alguns metros, porém, desconfiado, começou a afundar...

— Salva-me, Mestre! Estou afundando!...

Jesus chegou-se a ele, pegou-o pela mão, dizendo:

— Por que duvidou? Bem pouca é sua fé!

O Mestre subiu ao barco e todos se prostraram diante dele, exclamando:

— Tu és realmente o Filho de Deus! (Mt 14,25-33).

***

Quando seus companheiros precisavam tomar uma decisão, Pedro assumia a liderança.

Numa ocasião Jesus falou-lhe:

— Tu és Pedro e sobre esta pedra edificarei minha Igreja e as portas do inferno não prevalecerão contra ela. Eu te darei as chaves do reino dos céus. Tudo o que ligares na terra, será ligado nos céus e tudo o que desligares na terra, será desligado nos céus (Mt 16,13-20).

***

Pedro tinha um gênio arrebatado e teimoso.

Isso ele demonstrou mais uma vez na Última Ceia:

Jesus tomou uma vasilha com água e ia lavando os pés de seus discípulos.

Tudo corria tranquilamente!

Mas quando chegou a vez de Pedro, a coisa complicou:

— Mestre, o que está fazendo?!

— Estou lavando os pés de todos vocês!

— O quê?! Lavando os pés... Pois meus pés o Senhor não vai lavar!

— Pedro, mais tarde você entenderá!

— Lavar meus pés? Nunca!

Então o Cristo ameaçou:

— Se eu não lavar seus pés, você deixará de ser meu amigo!

— Ó Mestre, pode lavar não só meus pés, mas meu corpo inteiro!

***

Pedro, após ter recebido o Espírito Santo, não era mais o ignorante, o indeciso e o medroso dos tempos em que pescava na Galileia.

Agora, conhece e expõe ao povo o que está escrito nas Sagradas Escrituras.

Opera incríveis milagres.

Enfrenta pagãos e judeus. A todos deixa admirados com o surpreendente e corajoso dom da oratória.

Pedro é iluminado escritor que, por meio de suas cartas, procura levar a seu rebanho a unidade, a esperança e a fé em Jesus.

Agora ele é, por determinação do Divino Mestre, o Supremo Pastor da Igreja.

***

O Apóstolo Filipe evangelizava em Samaria, quando surgiu entre seus seguidores um sujeito chamado Simão.

Era interesseiro, cheio dos truques, espertalhão, adulador... Um fuinha!

Seu cognome: o Mago.

Suas magias, às vezes, eram tão perfeitas que muitos o consideravam enviado especial de Deus.

Entretanto, ele mesmo sabia que tudo não passava de artimanha.

Presenciando os milagres de Filipe e, mais tarde, de Pedro e de João, ele não se conformava e pensava: "Aperfeiçoando meus truques, hei de chegar lá..."

Para se familiarizar com os apóstolos, pediu e foi batizado.

O velhaco teve a ousadia de expor seus insensatos planos a Pedro:

— Dê-me o poder de impor as mãos, curando, que eu lhe darei qualquer dinheiro!

Pedro, costumeiramente revestido de muita mansidão, perdeu a calma:

— Que seu dinheiro seja para sua perdição, porque você acha que um dom de Deus pode ser simplesmente comprado com dinheiro... Arrependa-se de sua má intenção e peça a Deus que o perdoe, pois o vejo mergulhado na iniquidade.

Aterrorizado, o Mago respondeu:

— Peça a Deus por mim, para que nenhum mal me atinja!

***

O povo brasileiro, carinhosamente, inventa mil e uma piadas e anedotas relativas ao querido Porteiro do Céu:

Morava no Rio de Janeiro, Edislene, uma boa mulher.

Morreu; e chegando ao paraíso, encontrou-se com São Pedro:

— Olá, São Pedro, tem um lugarzinho pra mim, aqui?

— Somente recebemos os que nos disser, sem gaguejar, a devida senha.

— E qual é minha senha?

— É muito fácil. É *Amor*. Repita!

— Amor.

— Pronto! Pode entrar!

Passaram-se vinte anos.

São Pedro precisou dar uma saidinha e deixou as chaves do céu com Edislene, recomendando:

— Só deixe entrar quem disser a senha, fluentemente, sem tropeçar nas palavras...

— Compreendi, São Pedro!

De repente, chegou às portas do céu, quem?!

O marido de Edislene.

Veio arrogante:

— É você quem está tomando conta dessa bodega?

— Sim! Sou eu mesma.

— Posso entrar?

— Antes de mais nada, eu quero saber como você se portou na terra, após minha morte.

Sempre soberbo, ele contou:

— Foi uma verdadeira maravilha! Apaguei completamente toda e qualquer lembrança de você, jogando fora todos os seus cacarecos: cortinas, roupas, calçados, móveis... Durante muito tempo convivi com mulheres jovens e belas.

— É mesmo?!

— Juro! E agora o que preciso fazer para entrar no céu?

— Você precisa dizer, sem pestanejar, sua senha!

— E qual é minha senha?

— *Dreiundzwanzig Wahlbenachrichtigung.*[1]

***

Soa a campainha do céu.

São Pedro vai atender, mas não há ninguém.

---

[1] Em alemão: vigésimo terceiro título eleitoral

Minutos depois, novo chamado. Novamente, o Santo vai atender.

Ninguém!

Meia hora depois, tilintou mais uma vez a sineta.

Irritado, São Pedro correu à portaria.

Lá estava uma pessoa.

E o Santo, bravo:

— Você pensa que sou palhaço?! Toca a campainha e some... Toca e some!...

— Sabe o que é, São Pedro, é que na terra estavam tentando me ressuscitar.

***

Chegou ao paraíso Totonho, pescador que gostava de contar algumas mentirinhas aos amigos.

São Pedro atendeu dizendo:

— Você também quer entrar no céu?

— Sim!

— Como é que vou deixar entrar no céu um mentiroso como você?!

— São Pedro, não se esqueça de que o senhor também foi um pescador!

***

Leonino Bernardino Bezerra vivia no sertão baiano a duras penas, muitas vezes sem ter o *de comê*, devido à seca terrível que assolava aquela região.

Não obstante suas dificuldades, era muito bondoso.

Os paulistanos sabem que o bairro de São Miguel Paulista é habitado por tantos baianos que recebeu o cognome de "Nova Bahia".

Leonino morreu e, chegando ao céu, encontrou-se com São Pedro, que sorridente foi abraçá-lo, dizendo:

— Salve, Leonino! Considerando que você foi um bom homem na terra, vou premiá-lo com qualquer coisa que o faça bastante feliz!

— Ó São Pedro, eu gostaria muito que o sinhô mandasse chuva pra minha terra, a Bahia!

E São Pedro, coçando a cabeça:

— A Bahia fica...

— O sinhô não conhece o Brasil?

— Sim!

— Pois, antonce, quando o sinhô vê bastante gente reunida, falando: "oxente, caruru, vatapá, béchinho, avexado, meu rei, téléfone, télévisão, danô-se..." aí é a Bahia.

O Porteiro do Céu abriu algumas nuvens e deu de cara com um grupo de pessoas exatamente como Leonino lhe dissera; mandou água.

Poucos minutos depois, o bairro de São Miguel Paulista estava inundado!

***

Glicério trabalhava na qualidade de motorista de ônibus. Muitos passageiros, quando iam ao trabalho, ficavam felizes ao perceberem que o condutor do veículo era Glicério.

Por quê?

Porque o coletivo guiado por ele fazia o percurso do bairro ao Centro de São Paulo mais rápido que qualquer outro dirigido por outro motorista.

E quando se queria mais velocidade, bastava sentar-se próximo a ele, comentando em voz alta: "Esse motorista é bom mesmo... É o mais rápido de todos!"

Glicério, ouvindo isso, desenvolvia o máximo de rapidez.

Os passageiros ficavam de cabelos em pé, mas nunca reclamavam, porque geralmente estavam perdendo a hora e queriam chegar logo ao trabalho.

Brecadas súbitas, velozes curvas fechadas, causando desequilíbrio aos passageiros que estavam de pé, *finas* com outros veículos não eram novidades e provocavam em seus passageiros aflitas expressões: "Meu Deus!... Nossa Senhora Aparecida! Ave, Maria! Creio em Deus Pai! Minha Nossa Senhora!..."

Alguns tinham o rosário pronto para qualquer emergência.

Numa cidadezinha do interior, trabalhava um padre dedicado e virtuoso, cujos sermões eram longos, maçantes e sonolentos.

Tempos depois, morreram o padre e Glicério.

Apresentaram-se a São Pedro que falou:

— Vou fazer um prejulgamento; o definitivo será feito por Jesus.

Acabou de falar e apareceu Cristo, dizendo:

— Pedro, qual é sua opinião sobre esses dois?

— Senhor, eu mandaria o padre para o inferno e o motorista para o céu!

Jesus assustou-se:

— Pedro, o padre é uma boa pessoa... É um homem de Deus! Não entendo seu arbítrio!

E o Porteiro do Céu explicou:

— Enquanto Glicério fazia o povo rezar em suas assustadoras corridas, o padre fazia os fiéis dormirem no Templo do Senhor, com seus longos e sonolentos sermões!

***

Zé Quelemente detestava o frio.

Até mesmo a fresca da manhã às vezes o irritava.

Quando viajava nos coletivos, batia no ombro do passageiro da frente, pedindo:

— Por favor, feche a janela!

Fora isso era uma excelente pessoa.

Morreu e São Pedro abriu-lhe as portas do céu.

Pouco depois, Quelemente foi se queixar:

— O céu tá muito bom, mas tá muito frio!

O Santo o mandou para o purgatório.

No dia seguinte, foi visitá-lo e recebeu nova queixa:

— São Pedro, aqui também tá muito frio!

— Então, o único jeito é mandá-lo para o inferno!

Dias depois, o Apóstolo Chefe da Igreja mandou um arcanjo dar uma olhadinha no friorento.

E o emissário de São Pedro, ao abrir a porta do inferno, levou uma bronca danada:

— Fecha essa pooorrrrrrta!

***

O pároco de minha cidade natal, homem culto e bem-humorado, costumava dizer (brincando, é claro):

— Vocês sabem por que Pedro negou Jesus três vezes? Não sabem? É porque Jesus curou a sogra dele!

***

No Rio de Janeiro, por volta de 1930, havia um só comentário: "Santa Casa do Rio de Janeiro?! É o mais rápido caminho para o céu! Êta hospital danado para mandar o freguês desta para melhor!"

Ali faleceu o bom Jovino. Chegou ao paraíso e apresentou-se a São Pedro que, consultando o enorme livro dos eleitos, nada achou sobre ele.

O Santo sabia que Jovino era um bom cristão.

Tornou a consultar sua escrita.

Nada!

Verificou mais uma vez com mais atenção: lá estava o nome do chegadiço.

São Pedro desabafou:

— Santa Casa do Rio de Janeiro... Continua na mesma!

E prosseguiu:

— Jovino, meu filho, sua vinda para cá estava prevista para daqui a trinta anos!

Santo Agostinho

SANTO AGOSTINHO
(354-430)

Agostinho nasceu numa cidade africana chamada Tagasta.

Sua infância foi muito sofrida.

Como qualquer criança, preferia brincar a estudar.

Tinha grande aversão às primeiras letras. Gostava muito do latim, mas detestava o grego.

Seus mestres o espancavam "por dá cá aquela palha", e o pior: sob a estranha conivência de seus próprios pais.

Sabemos que outrora os chefes de família tinham a mania de falar: "Diz o Divino Espírito Santo: o pai que poupa a vara a seu filho não o ama".

Muitos anos depois, já bastante idoso e na qualidade de Bispo de Hipona, Agostinho revela que preferia morrer a ter de voltar a sua infância.

Patrício, o pai de Agostinho, era pagão e também notável pavio curto. Tão impulsivo era que as amigas de sua esposa Mônica, mãe de Agostinho, ficavam admiradas em vê-la sem nenhum sinal de agressão no rosto.

Dizem alguns biógrafos que ela, a grande Santa Mônica, sabia conversar com o marido nos momentos propícios, evitando os desastrosos choques.

***

Agostinho, antes de se converter, gostava da superstição da astrologia, mas a abandonou definitivamente quando um amigo, chamado Firmino, quis saber dele um prognóstico.

Conversa vai, conversa vem, e ficaram sabendo que Firmino veio ao mundo no mesmo dia e na mesma hora em que nascia o filho de um escravo, na casa de um amigo de seu pai.

Os horóscopos das duas crianças eram evidentemente iguais, entretanto, seus destinos foram tão diferentes: Firmino, rico, livre e culto; o outro, pobre, escravo, ignorante...

***

Antes da conversão, Agostinho frequentava péssimos ambientes. Sua mãe que chorava abundantes lágrimas pelo retorno do filho ao bom caminho e rezava constantemente, certa vez, implorou-lhe:

— Meu filho querido, em suas aventuras, não mexa com mulheres casadas!

***

Um eminente romancista brasileiro expressou-se desta maneira: "ali eram ditas piadas tão sórdidas que Santo Agostinho, antes da conversão, ficaria corado ao ouvi-las!"

***

Durante vários anos, Agostinho abraçou a seita maniqueísta.

Sua mãe, cristã ardorosa, opunha-se de corpo e alma ao novo credo adotado por seu filho.

Com dor no coração, precisou até expulsá-lo de casa.

Numa tranquila noite, ela sonhou que um jovem apareceu-lhe perguntando:

— Qual é o motivo de tantas lágrimas e de tantos sofrimentos?

— Eu sofro por causa da perdição de meu filho.

O simpático jovem sorriu:

— Não se aflija, pois eu também estou na mesma situação.

Observando melhor, Mônica viu que o jovem era seu próprio filho.

Feliz da vida, contou o sonho a Agostinho, que surpreendentemente lhe disse que aquela visão era um aviso da conversão dela ao maniqueísmo.

Pobre Mônica... Teria o tiro saído pela culatra?

Não.

Deus não deixaria de atender a suas constantes preces e copiosas lágrimas. Um bispo, versado nas Escrituras, chamado por Mônica para encaminhar seu filho à senda do bem e agastado com tanta choradeira e tantas súplicas, irrompeu: "Vamos, deixe-me, do modo como tu vives, na verdade, é impossível que pereça o filho de lágrimas como as tuas".

***

Na corte imperial, em Milão, labutava uma pessoa famosa por sua oratória. Seu nome: Símaco.

Ele, Símaco, devido ao prestígio que tinha junto ao círculo dos poetas, dos retóricos, dos eruditos em geral e do próprio imperador Valentiniano, era investido do poder de escolher o orador da corte e não teve dúvidas: indicou Agostinho.

***

A conversão de Santo Agostinho deve-se em primeiro lugar ao esforço, às lágrimas e às orações de sua mãe, Santa Mônica, e depois à poderosa influência de Santo Ambrósio, que tinha sido eleito bispo em 374; não era padre; nem batizado era. Por isso aquela sua famosa e comovente expressão: "Precisei ensinar antes de aprender".

O futuro bispo de Hipona foi batizado aos 33 anos, juntamente com seu filho Deodato.

Ambos os bispos, Santo Ambrósio e Santo Agostinho, eram da linhagem africana e não italiana, como soía acontecer no século V.

***

Ao perder a querida mãe Mônica, Agostinho, em sua inabalável fé na ressurreição, com o rosto banhado em lágrimas, exclamou ante seus parentes e amigos:

— Saudade, sim. Tristeza, não!

***

Sendo um dos maiores pensadores da Igreja católica, o Santo escreveu 94 livros: 27 antes de ser sagrado bispo e 67 após sua sagração.

Suas principais obras: *A Doutrina cristã*; *A verdadeira religião*; *O livre-arbítrio*; *A cidade de Deus*; e *Confissões*.

O Santo, ao ser tentado a fraquejar em seu augusto ministério, lembrava-se dos mártires, das virgens perseverantes, dos grandes papas, dos bispos, dos monges, dos inúmeros santos e santas, concluindo: "Potuerunt hi, potuerunt hae, cur non tu, Augustine?" (Estes puderam, aquelas puderam, por que você não pode, Agostinho?).

***

Conta-se que numa assembleia de prelados católicos, realizada em 393, Agostinho foi convidado pelos bispos africanos para falar perante eles sobre a fé e o credo, embora ele fosse um simples sacerdote.

***

Agostinho era considerado o maior orador de Cartago, onde usava um linguajar mais refinado e mais literário que em Hipona, onde o povo era mais simples.

Era chamado *Flagelo dos Hereges,* que, raivosos, afirmavam: "quem eliminar o Bispo de Hipona merecerá, sem dúvida, a remissão de todos os seus pecados".

E resolveram matá-lo numa cilada.

Os sicários, em número de quatro, tramavam:

— Precisamo acabá com a vida do bispinho de Hipona...

— Quanto vamo ganhá?

— Nada.

— Então, vamo trabaiá de graça?

— Vamo tê o perdão de todos nossos pecados.

— Quem disse?

— Tu não uviu o home falá antonte na reunião?

— Mais... O povo vai ficá danado com nóis... Ele é munto querido!

— Vamo prepará um mundéu pra ele e seus cumpanhero.

— Quando?

— Ficamo sabendo que ele tá viajando. Vorta amanhã de noite... Nóis vamo ficá de tocaia e quando ele passá, nóis com nossos machado e nossas funda, vamo matá ele e seus amigo!

Deram-se as mãos, selando o pacto sinistro. Não sabiam eles que o Santo e seus amigos estavam sob a proteção de Deus!

Ao regressar da viagem, o guia, por inspiração da Divina Providência, errou a estrada, seguindo por outro caminho.

Posteriormente, os viajores ficaram sabendo que essa troca de caminho os salvou de uma emboscada.

***

Enquanto os discípulos de Donato, falso mártir, incentivavam o Grande Cisma, desprezando a autoridade papal, Agostinho seguia o lema de sua lavra: "Roma locuta, causa finita" (Roma falou, caso decidido).

***

Naquela época, início do século V, em que os imperadores romanos eram cristãos, houve, num lugarejo distante de Roma, sanguinolento quebra-quebra entre os adoradores de Hércules e os seguidores de Cristo.

Os cristãos, sentindo-se protegidos, porque estavam em maior número, derrubaram a estátua de Hércules, antiga deidade protetora do povoado.

Em represália, os idólatras massacraram sessenta cristãos.

Esses assassinos com a maior cara de pau, como dizem os brasileiros, *cara de pedra*, como dizem os argentinos, tiveram a petulância de exigir dos cristãos o reerguimento de uma nova estátua de Hércules. Santo Agostinho, Bispo de Hipona, indignado, ironiza mais ou menos assim: "Vocês cometeram um crime hediondo desrespeitando às leis e a seus imperadores. Querem Hércules? Pois bem, vamos esculpir seu deus. Temos material e artistas. Faremos um belo Hércules; antes, porém, devolvam-nos a vida a nossos sessenta irmãos trucidados!"

***

Um dia, em um ameno entardecer, o Santo, ligeiramente tangido pela brisa, percorria meditando bom trecho da orla marítima.

Pensava obstinadamente no grande mistério da Santíssima Trindade: "São três pessoas, mas um só Deus..."

Súbito, em sua frente, vê um faceiro menino brincando: com uma vasilha, tirava água do mar e a depositava numa pequena cavidade feita na areia.

Dirigiu-se à criança, perguntando:

— O que você está fazendo?

— Estou esgotando o mar... Quero tirar toda a sua água, colocando-a neste buraquinho.

— Mas isso é impossível!

E o menino (certamente um anjo) falou:

— É mais fácil eu colocar toda a água do mar nesse buraquinho do que o senhor entender o mistério da Santíssima Trindade!

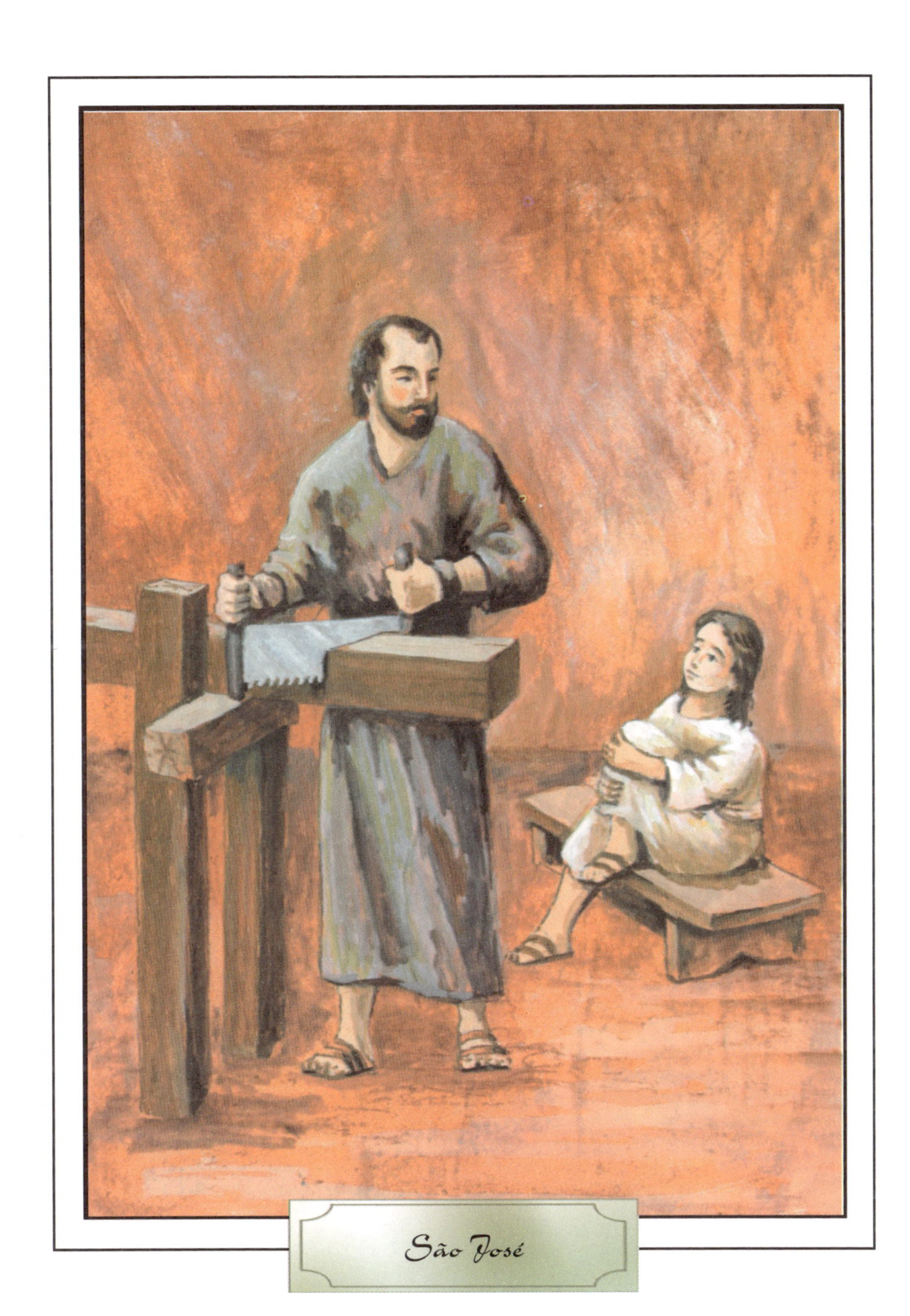

São José

SÃO JOSÉ

O Evangelho bem pouco fala sobre o glorioso Pai Adotivo de Jesus.

São José, embora da nobre linhagem do rei Davi, não se envergonhava de executar trabalhos manuais e pesados, muito pelo contrário, sentia grande prazer – envergando seu avental de couro – em atender àqueles que procuravam os diversos tipos de móveis que confeccionava com sua serra, com sua raspadeira, com sua machada, com seu martelo, com seu compasso, com seu berbequim, com sua plaina...

***

Havia muitos jovens pretendentes à mão de Maria.

Numa ocasião, todos eles teriam deixado seus bastões num determinado lugar para receberem um sinal divino.

Diz a tradição que apenas o cajado de São José floresceu, sinal claro de que ele era o escolhido.

José comprometeu-se a receber Maria por sua esposa. Muito embora não houvessem coabitado, ficou sabendo que Maria tinha concebido. Foi assaltado por inquietantes dúvidas.

Mas um anjo do Senhor o tranquilizou, afirmando: "José, filho de Davi, não temas receber Maria por tua esposa, pois o que nela foi concebido vem do Espírito Santo..." E despertando, fez José como o anjo do Senhor havia lhe ordenado e a recebeu em sua casa como sua esposa (Mt 1,20-24).

***

Tamanha era a confiança do Divino Pai Eterno em José, que colocou sob sua tutela seu Filho Único, Homem-Deus.

Daí o grande poder recebido de Deus pelo Santo, para nos amparar nos duros momentos de sufoco; isto eu posso testemunhar baseado em indeléveis recordações de ocorrências pessoais.

***

Por volta de 1845, no Canadá, havia um irmão leigo muito caridoso e com grande fama de operar milagres por meio de seus pedidos ao Pai Adotivo de Jesus.

Chamava-se André.

Labutava na Congregação dos Padres da Santa Cruz.

Entre os inúmeros milagres, vamos lembrar um:

Certa ocasião, na portaria do convento, apresentaram-lhe um médico paralítico.

O Irmão André o saudou, perguntando:

— O senhor acredita que São José é capaz de restabelecer-lhe a saúde?

— Sim! Eu creio!

— Então vá à capela de São José e deixe lá suas muletas!

Ocorreu um admirável portento! O doutor voltou para casa sem precisar de ajuda!

***

São José é o maior dos santos depois da Virgem Maria.

***

A tradição popular conta-nos uma deliciosa lenda de São José:

Era começo de um entardecer muito quente.

O Pai Adotivo de Jesus tinha trabalhado, como o de costume, desde cedinho, em sua organizada carpintaria, onde, com muita dedicação, confeccionava mobílias que lhe eram encomendadas.

Ao lado de sua terna oficina, frondejava antiga árvore que amenizava a canícula reinante, fornecendo benfazeja sombra.

Em seu enorme tronco, aconchegante e ligeiramente côncavo, o Santo se recostou após ter colocado o inseparável serrote a seu lado.

Cansado, bem acomodado e ao tanger delicioso da brisa, José cochilou.

Chegou o diabo.

Murmurou: "Vou estrepar este dorminhoco vagabundo..."

Sorrateiramente pegou o serrote e, num gesto diabólico, dobrou uma ponta para um lado e a outra para o outro. Fez isso do começo ao fim da ferramenta.

Minutos depois, o Santo acordou.

Entrou em sua marcenaria e ia começar a serrar.

Satanás, num canto da janela, espreitava, prelibando a cara de besta que o carpinteiro iria fazer ao perceber que sua ferramenta estava danificada.

Mas... Que maravilha!

O maligno, ao invés de atrapalhar, ajudou, e muito, *travando* o serrote!

***

Pio IX proclamou São José *Padroeiro da Igreja Universal*, afirmando: "Como Deus constituiu o Patriarca José, filho de Jacó, governador de todo o Egito, para assegurar ao povo o trigo necessário à vida, também quando se cumpriram os tempos em que o Eterno ia enviar à terra seu Filho Único para resgatar o mundo, escolheu um outro José de que o primeiro era imagem; constituiu-o senhor e príncipe de sua casa e de seus bens; entregou a sua guarda seus tesouros mais ricos".

São Gonçalo
do Amarante

SÃO GONÇALO DO AMARANTE
(1187-1259)

Santo português.

Tem inúmeros devotos em Portugal e no Brasil.

Era habilidoso violeiro.

Foi ordenado padre pelo arcebispo de Braga.

Gonçalo, o bondoso e alegre servo de Deus, padre dominicano, preferia apresentar-se aos fiéis não exibindo os comumente usados paramentos sacerdotais rígidos e austeros, mas sobraçando o querido e atraente instrumento musical: sua viola.

Assim, tornou-se um dos santos mais estimados daquela época.

Confirmava a eficácia de suas pregações com notáveis milagres.

Seu lema era: "Amar a Deus sobre todas as coisas e ao próximo como a nós mesmos".

Levou muita alegria, especialmente aos agricultores lusitanos.

Séculos depois da morte do Santo, chegaram ao Nordeste do Brasil, nas asas da tradição, as famosas "Danças de São Gonçalo".

Eram usadas para se conseguirem milagres concernentes à obtenção de bons casamentos, à cura de vários tipos de doenças etc.

Nas festas realizadas dentro da igreja, com guitarras e cânticos, dançavam frades, fidalgos, escravos, homens e mulheres.

Ao terminar esse estranho fandango, o bailado era feito com a imagem do Santo retirada do altar.

Todos estavam cientes de que não se devia dançar por prazer, mas sim para pagar promessas.

O Vice-Rei Vasco Fernandes César de Meneses proibiu essas comemorações, por considerá-las mais superstição que manifestação religiosa. Entretanto, a festa de São Gonçalo, como oferenda litúrgica, continua por quase todo o Brasil.

São Gonçalo, especialmente no norte de Portugal, é o santo mais venerado depois de Santo Antônio de Lisboa.

Seu culto foi permitido pelo Pontífice Pio IV, para Portugal, e, mais tarde, por Clemente X, para toda a Ordem Dominicana.

Santa
Teresa de Lisieux

SANTA TERESA DE LISIEUX

(1873-1897)

Também conhecida por Santa das Rosas, Santa do Pequeno Caminho e Santa Teresinha do Menino Jesus.

Entrou para a Ordem das Carmelitas Descalças em 1890. A Superiora de Teresinha determinou que ela escrevesse suas experiências místicas.

A ordem foi cumprida e o livro recebeu o título: "História de uma alma".

Essa obra teve repercussão mundial e foi traduzida em sessenta línguas; um feito extraordinário, mormente porque naquela quadra as notícias não circulavam com a rapidez de hoje, com a televisão.

A autobiografia da Santa revela fatos deliciosos como, por exemplo, "O Sorriso da Virgem".

Nossa humilde Santa Teresinha primou por sua simplicidade: semelhante à violeta que se esconde dos fulgores do sol e nos encanta em seu esconderijo, ela viveu na qualidade de monja carmelita, na solidão do claustro, onde dedicou a Deus todo o seu imenso amor.

***

Embora sofrendo no leito de dor e de morte, no qual permaneceu durante meses, Teresinha não queria ver abatidas pela tristeza as pessoas que a acompanhavam; segundo os biógrafos, ela fazia rir e distraía, através de trocadilhos engraçados e de constante bom humor, suas irmãs, suas noviças, seus médicos...

***

Chegando os rigores do inverno, piorou o estado de saúde da carmelita de Lisieux e a Madre Superiora aconselhou-lhe o uso do *scaldino*[1]. A enferma sorriu, brincando: "Os outros apresentam-se no céu com os instrumentos de penitência e eu, com meu *scaldino*, mas só o amor e a obediência contam".

***

Gostava de comentar uma bela expressão de seu confessor: "Se os anjos varressem o céu, a poeira seria de diamantes".

***

Naquela época, havia em Paris uma empresa chamada *Casa Gennin*, especialista em flores artificiais.

De vez em quando, a firma as mandava ao Carmelo embaladas em caixinhas artisticamente confeccionadas.

Numa tarde, bem-humorada, a Santa suspirou:

— Quando eu morrer, gostaria de ser colocada numa caixinha *Gennin* e não num caixão!

Teresinha faleceu em Lisieux, muito jovem, com apenas vinte e quatro anos de idade.

***

Em seu excepcionalmente rápido processo de canonização constam dois casos notáveis: primeiro, a cura perfeita e instantânea de uma tuberculose pulmonar hemóptica de Carlos Anne; segundo, a cura também perfeita e instantânea de uma úlcera gravíssima no estômago de forma hemorrágica da Irmã Luísa de São Germano, da Congregação das Filhas da Cruz.

Já em 1925, Teresinha recebeu a honra de ser colocada nos altares.

[1] N.E.: Pequeno braseiro.

***

O insigne hagiógrafo Héber Salvador de Lima, SJ, numa feliz inspiração nos lembra: “No Brasil, Santa Teresinha continuará a ser conhecida com este diminutivo. Aliás, é bom que se saiba, ela é a única santa, em toda a história da Igreja, que é invocada assim, com a ternura de um diminutivo, como se um dia, nós tivéssemos um santo que passasse para a história com o nome de São Chiquinho, São Toninho...”

***

Santa Teresa de Lisieux foi proclamada pelo Pontífice Pio XII *Santa Padroeira das Missões*, muito embora jamais tivesse deixado o convento, mas que dedicara sua vida pelos missionários.

Foi declarada Doutora da Igreja pelo Papa João Paulo II, em 1997, centenário da morte da Santa.

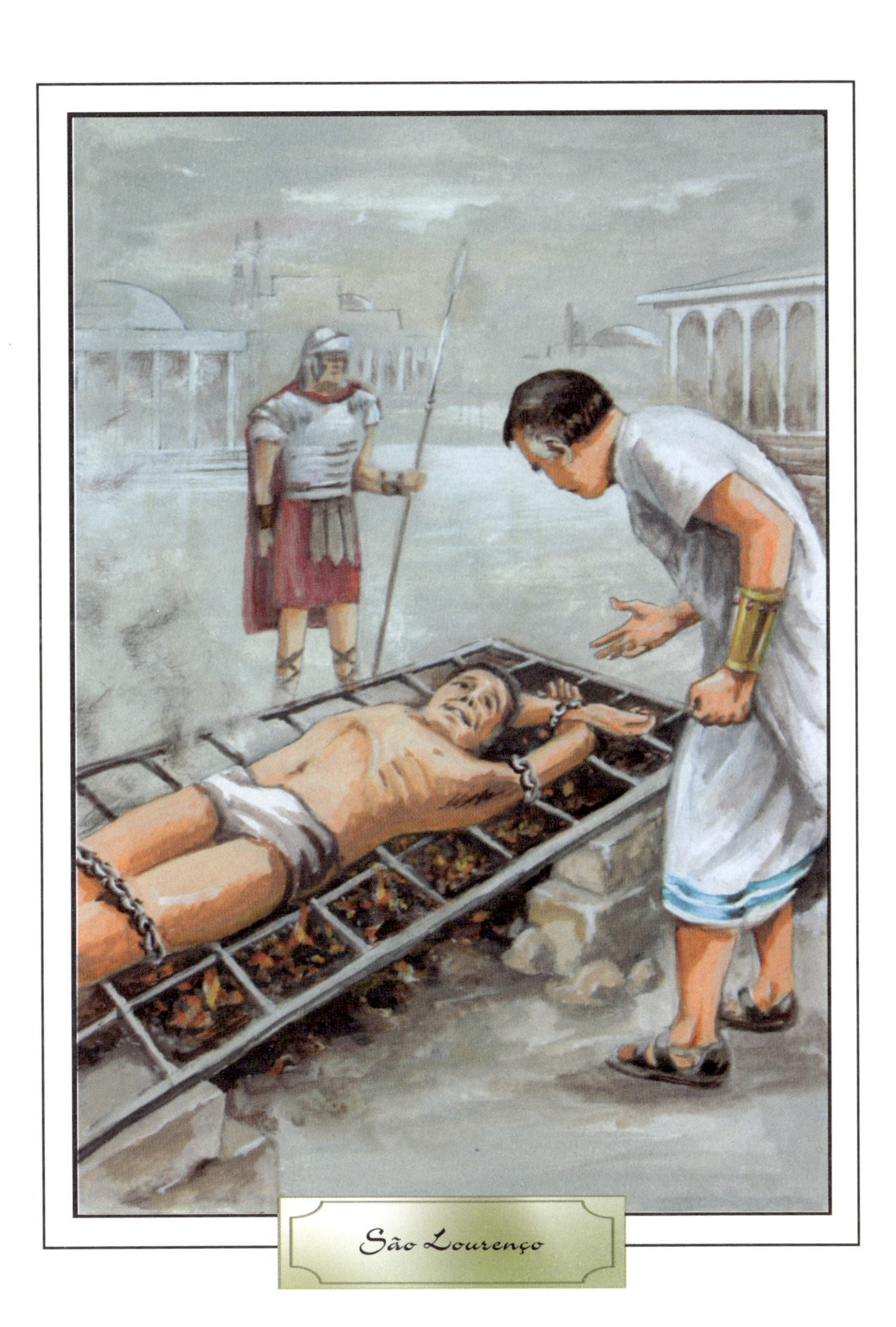

São Lourenço

SÃO LOURENÇO
(210-258)

São Lourenço nasceu na Espanha.

Sofreu um dos mais cruéis martírios da história.

O imperador romano Públio Licínio Valeriano, que governou de 253 a 260, era seu grande perseguidor.

O lema desse implacável governante era: "Arrasar o cristianismo, custasse o que custasse, humilhando e matando seus membros mais influentes". Com esse objetivo publicou dois éditos.

Ordenou ao senado que os bispos, os presbíteros e os diáconos fossem executados sumariamente.

Não sabia ele, o arrogante Valeriano, que seu fim seria tão humilhante:

Numa de suas batalhas contra os persas, em Edessa, caiu prisioneiro.

Sapor I, que o venceu, levou-o enjaulado sob os escárnios da soldadesca à lúgubre masmorra, onde, segundo dizem, passou por vexames tão infames que temos vergonha de mencioná-los nestas páginas. Aí, na prisão, terminou seus dias, quiçá vítima de envenenamento.

***

Logo depois da morte de seu antecessor Décio – que tinha sido proclamado imperador contra a própria vontade e que perseguiu ferozmente os cristãos –, e, no início do governo de Valeriano, os seguidores de Cristo viviam com relativa tranquilidade: exerciam seus cultos sem pressão, tendo seus estabelecimentos, comerciais e de arte, prosperando risonhamente.

A história conta-nos que nesses bons tempos Lourenço exercia a função de arcediago, equivalente ao primeiro diácono; era-lhe atribuída a responsabilidade pelos bens da Igreja.

Tão importante era o cargo de arcediago que, em qualquer eventualidade, podia substituir o papa.

***

Lourenço, na Espanha, em Huesca, sua terra natal, tinha como principal atividade ministrar o batismo.

A Igreja sempre ensinou que esse sacramento, com outro elemento que não seja a água, é nulo.

Daí uma antiga e deliciosa lenda contada pelos oscenses (habitantes de Huesca), relativa à presença do Santo diácono numa encantadora primeira missa.

Lourenço assistia extasiado!

Além da grande simpatia, o neossacerdote cantava divinamente: lembrava um querubim no altar.

Bem pertinho do Santo, a vovozinha do entusiasmado padre novo sorria numa felicidade sem fim!

O arcediago exclamou:

— Linda ordenação! Que bela voz tem esse padre!

E a sorridente velhinha:

— Decerto!... Decerto!... Quando ele era pequenininho eu o batizei com leite!

Pronto!

Confirmada a informação da inocente vovozinha, todos os sacramentos recebidos tornaram-se sem efeito.

***

Depois do período de calma, vieram as terríveis perseguições aos cristãos.

Preso, São Lourenço foi intimado a relacionar as principais riquezas da Igreja.

Quem apresentou as exigências foi o prefeito de Roma:

— Senhor arcediago, aqui está a ordem urgente do imperador.

Ele faz ameaças; e também promessas de honrarias sublimes ao senhor, caso nos sejam apresentados os tesouros da Igreja.

— Em verdade eu lhes digo: as riquezas que temos são muitas! Temos mais bens do que o próprio imperador!

— Onde estão?

— Preciso de três dias para colocá-los à disposição dos senhores!

— Bem, nesse caso, vamos dar-lhe três dias!... Ouviu bem?! Três dias para nos mostrar a fortuna da Igreja!

— Certo!

Lourenço, que não era bobo, aproveitou os três dias para esconder melhor os vasos sagrados e outras joias que poderiam cair em poder dos homens de Valeriano.

Sabendo que o soberano nada queria com os coitados, mas ambicionava loucamente os tesouros, o Homem de Deus combinou com todos os inválidos que estivessem no dia dez de agosto, na basílica local.

***

Dez de agosto.

O prefeito, acompanhado de outras autoridades romanas, chegou à basílica. Todos estavam bem-humorados, contando com a covardia do cristão que, apavorado, iria apresentar-lhes as riquezas.

Mas... Que desilusão! Filas e mais filas de míseros formadas dentro e fora do templo demonstravam que algo estava errado.

Os cristãos sempre tiveram grande apreço aos deserdados da sorte: dedicavam-se a eles seguindo o primordial preceito de Jesus.

Irritadíssimo, o homem de confiança do imperador, apontando os coitados, interpela o Santo:

— O que estes estúpidos pensam que estão fazendo aqui?

— O senhor não quer ver os bens da Igreja? Eis aí... São os coxos, os cegos, os paralíticos, os enfermos, os velhos decrépitos, as crianças abandonadas, os mutilados...

— Chega! Não sei onde estou que não mando passar já a espada em seu pescoço!...

E o Santo mártir, tranquilo:

— Meu corpo está sujeito a suas bravatas... Mas minha alma é intocável e de nada tem medo!

Voltando à calma, o alcaide, sabendo que de nada valiam suas ameaças, engendra um meio lento e cruel para martirizar São Lourenço; ainda nutria tênue esperança de alcançar seus objetivos durante a execução.

Mandou vir uma grande grelha e determinou que sobre ela amarrassem o Santo. Depois ordenou que acendessem um fogo lento e dolorido.

Enquanto as primeiras e tímidas labaredas, estalejando qual gulosas línguas de fogo, começavam a alcançar o Homem de Deus, o prefeito observava:

— Como é, arcediago... Agora, sem piada... Mostra ou não mostra os tesouros da Igreja?

São Lourenço lançou sobre ele seu último olhar... Olhar de Santo que não tem ódio e ainda brincou:

— Pode virar-me para o outro lado... Este aqui já está bem assado!

São
Francisco de Assis

SÃO FRANCISCO DE ASSIS

(1182-1226)

Francisco era filho de um próspero mercador de tecidos que sonhava ter um herdeiro dedicado à mesma profissão do pai.

Ficava cada vez mais desapontado ao constatar que seu jovem filho não se interessava pelo progresso de seu promissor negócio.

Não bastasse isso, ainda se mostrava estouvado e esbanjador, ora com os amigos, ora com belas vestes.

Francisco meteu-se na vida militar, na qual, após participar de uma batalha, acabou sendo derrotado e amargou um ano de prisão.

***

Pedro Bernardone, pai de Francisco, era um indivíduo truculento e, como diz um literato: "tinha o coração na carteira e muita ambição de nobreza em seu coração".

Ficou apoplético ao saber que Francisco gastava seu dinheiro não mais com farras, cantos, nem com belas vestimentas, o que seria natural de um jovem, mas na reforma da igrejinha de São Damião.

Queria de qualquer maneira caçar o tresloucado filho, estivesse onde estivesse, para chicoteá-lo, para prendê-lo a pão e água e para processá-lo no tribunal do bispo.

Conseguiu capturá-lo, mas durante sua longa viagem a negócios, o moço foi libertado pela compassiva mãe.

***

Corria o ano de 1207.

Pedro Bernardone e Francisco encontraram-se ante D. Guido, Bispo de Assis.

Pedro queria de volta o que seu filho aplicou na igrejinha.

Francisco não teve dúvidas: arrancou do corpo suas finas roupas e as arrojou nos braços do pai, exclamando:

— Até hoje tenho chamado pai a Pedro Bernardone... Estou devolvendo as roupas que me deu. Daqui em diante, poderei dizer: "Pai nosso, que estais no céu, e não pai Pedro Bernardone".

***

São Francisco fundou além das Ordens dos Frades Menores e das Pobres Damas uma comunidade de leigos, denominada Ordem Terceira, à qual abrangia também as pessoas casadas que continuavam vivendo em seus lares, mas devotavam suas vidas às obras de caridade.

Faziam parte dessa organização franciscana pessoas célebres como, por exemplo: Dante, Carlos IV, que era o rei da Boêmia, Pedro Álvares Cabral, Camões, Vasco da Gama...

***

Um dos mais lindos prodígios operados por São Francisco é o referente ao Lobo de Gubbio.

Existia, nas redondezas desse aglomerado urbano, um feroz lobo que apavorava a todos.

Devorava não apenas os animais domésticos, mas também os seres humanos.

Era um *Deus nos acuda!*

São Francisco vai ao encontro da fera e, benzendo-a, fala:

— Irmão lobo, eu, em nome de Jesus Cristo, ordeno-te que não faças mal a ninguém!

O animal, ouvindo o Santo, fica manso e, abanando a cauda, deita-se a seus pés.

São Francisco convida-o a acompanhá-lo até a cidade, onde diante do povo exorta:

— Irmão lobo, queremos firmar a paz contigo... E tu prometes não ferir mais ninguém?

O animal balançou a cabeça, dando a todos a impressão de que concordava.

O Santo prosseguiu:

— Quero que me dês um sinal de tua promessa!

Imediatamente, o lobo pousou a pata dianteira direita na mão de São Francisco, que continuou:

— Também esse povo jamais vai te perseguir, pelo contrário, vai te dar, enquanto viveres, a necessária alimentação.

O lobo viveu mais dois anos, sempre dócil e amigo de todos.

***

— Eu morro!... Eu morro!...

É de madrugada.

Ante esses clamores, nenhum frade permanece mais em sua cela. Todos querem descobrir o motivo de tal zoeira.

— Eu morro!... Eu morro!...

Essa gritaria era feita por um noviço recentemente admitido na comunidade:

— Eu morro!... Eu morro!...

Calmamente, São Francisco lhe pergunta:

— Caro irmão, o que aconteceu?

— Eu morro de fome!

O Santo manda que lhe sirvam uma ceia e, para não o deixar desenxabido, determina que alguns irmãos o acompanhem. Depois, pede para que não se cometam excessos nas penitências.

***

Numa deliciosa tarde do mês das flores na Europa, São Francisco, juntamente com os frades Masseo e Ângelo, chegou ao Castelo de Canuara. Ali, o Santo, com sua voz admirável, fez uma prédica para os atenciosos ouvintes.

Aos poucos, a multidão foi aumentando e todos tentavam ouvir as inspiradas palavras de São Francisco.

Mas, no ar, barulhentos gorjeios perturbavam o sermão.

A grande algazarra era formada por um bando de alegres andorinhas em rasante vôo. Abrindo os braços, o Homem de Deus ordenou que cessassem o barulho enquanto ele falava. As avezinhas o obedeceram imediatamente.

Os homens e as mulheres, encantados, queriam abandonar seus lares para seguir São Francisco.

***

Havia na extraordinária vida de São Francisco a colaboração da nobre heroína Clara, que pertencia a uma das mais poderosas famílias de Assis: os *Scifi*.

Clara morava num castelo tão aguerrido que era também chamado fortaleza. Ela vivia com sua mãe e duas irmãs mocinhas. Frequentemente era flagrada praticando a caridade. De uma índole férrea, não retrocedia em suas decisões.

Encantada com as convincentes e irrefutáveis prédicas de Francisco, resolveu fugir de casa para se dedicar ao serviço de Deus.

***

Francisco achava uma grande injustiça bolar um plano religioso apenas para os homens. Por que não incluir nele também as mulheres?

Quem não percebe que elas são mais delicadas, menos violentas e mais sensíveis que os homens?

Ele revela a Clara que havia desposado a grande dama Senhora Pobreza, a quem tinha jurado fidelidade. A jovem nobre responde-lhe:

— Maravilha! Estou disposta a seguir a vida santa que você e seus companheiros levam em Santa Maria dos Anjos. Ajude-me!

— Com a ajuda divina, tudo se conseguirá!

***

Numa noite iluminada pelo luar, no palácio-fortaleza de sua família, Clara, armada de grande coragem, conseguiu a duras penas deixar seu lar, saindo pela porta dos fundos, conhecida como saída dos mortos; era por ali que se faziam passar os cadáveres.

Lá fora, um vulto negro, numa pilha de nervos, esperava...

Era Pacífica di Guelfuccio, sua fiel amiga.

Em Santa Maria dos Anjos, elas foram festivamente recebidas por todos os frades, que ostentavam luminosos archotes.

Dentro da pequena igreja, nossa heroína consagrou-se a Deus, pedindo ao irmão Francisco para lhe cortar os lindos cabelos louros.

***

Logo ao raiar do dia seguinte, sentindo-se logrados e muito enfurecidos, os irmãos de Clara, armados até os dentes, marcharam rumo à igrejinha.

Queriam de qualquer modo trazer de volta a irmã mais bela da família.

Agarrada ao altar, a mocinha recusou-se a acompanhar seus perseguidores; percebendo que suas forças eram mínimas diante dos brutamontes, arrancou o véu que a cobria, exibindo a cabeça rapada.

Atônitos, os irmãos convenceram-se de que nada podiam fazer a uma pessoa com tamanha determinação.

***

Santa Clara, em outra ocasião, também demonstrou ter um caráter inquebrantável.

Foi em 1240.

Os terríveis sarracenos tomaram de assalto as melhores fortalezas de Assis. Estourava a guerra de Frederico II com o papa.

Clara, notando a aproximação dos bestiais invasores, deixa seu leito de enferma, prostra-se de joelhos numa fervorosa oração perante o ostensório com a Hóstia Consagrada, rezando: "Protegei, Senhor, esse rebanho a mim confiado e que eu já não consigo mais defender".

Depois, com o Santíssimo nas mãos, enfrenta os sarracenos, que saem numa incompreensível e apavorada fuga.

***

A Quinta Cruzada foi liderada por Inocêncio III em 1215, com a finalidade de conquistar o túmulo de Cristo, "ressuscitando" a Cristandade.

Inocêncio III seguia o implacável pensamento de Urbano II, de vinte anos atrás: desbaratar os muçulmanos "raça de infiéis, dominada pelo demônio e desprovida de dignidade humana".

São Francisco, o Santo da Paz, opõe-se frontalmente a essa atitude, afirmando: "A pessoa de cada muçulmano é mais importante que o sepulcro de Jesus Cristo, tão almejado pelos cruzados".

***

O Santo Fundador enviou seus frades, dois a dois, à Alemanha, França, Tunísia e Portugal.

A missão à Alemanha, devido à dificuldade no linguajar, foi um desastre. Ocorreu com os missionários franciscanos, o que diz a sabedoria do povo: "de alemão e medicina, não entendiam patavina".

Eles sabiam apenas responder: "ja, ja" (sim, sim).

Não sabiam mais nada!

Céus! Que língua enrolada essa germânica para os pobres frades italianos!

Perguntaram-lhes:

— Vocês são católicos?

— Ja, ja...

— Vocês são valdenses?

— Ja, ja...

— Vocês são inimigos da *Deutschland*? (Alemanha).

E eles, num sorriso aparvalhado, de quem nada entendia:

— Ja, ja...

Aí o pau comeu solto! Depois de apanharem bastante, foram presos e só libertados após esclarecidas as confusões.

***

Certa ocasião, numa casa de saúde em que os frades franciscanos cuidavam dos leprosos, havia um doente satanicamente rebelado contra tudo e contra todos. Os religiosos enfermeiros não apenas eram ofendidos moralmente, mas também fisicamente.

O infeliz batia neles como se batesse em criança.

Pensando na expiação de seus pecados e na orientação expressa do pai Francisco, os Homens de Deus tudo suportavam. Jamais perdiam as estribeiras.

Tentavam de várias formas acalmar e quiçá converter o iracundo enfermo.

Ah! Se Frei Francisco não habitasse por perto, certamente já teriam abandonado tão espinhosa carga: a ovelha negra dos hansenianos!

Mas ninguém é de ferro!

Não suportando mais a situação, levaram-na ao conhecimento de Francisco.

Imediatamente o Santo veio e, aproximando-se do furioso leproso, disse:

— A paz do Senhor esteja contigo, meu irmão!

— Paz?! Que paz? Eu não posso ter paz... Como vês, eu fui reduzido a esta imundície... É tanta catinga que eu mesmo não suporto mais...

— Com fé e resignação chegarás ao Reino de Deus...

— Falas assim porque não és tu quem anda podre em vida e além disso teus fradecos não me tratam como deviam!

— Então, meu filho, eu mesmo vou cuidar de ti.

Francisco pediu ajuda a um frade. Com muita habilidade e imbuído de grande amor cristão, despiu o coitado e, enquanto o outro religioso derramava água aquecida e perfumada com ervas, ele, o Santo, ia lavando delicadamente as purulentas feridas.

Tinha em seu pensamento outra visão: estava lavando as chagas do próprio Cristo.

Durante esse abnegado afã, vai rezando:

— Meu Jesus, curai-lhe o corpo e a alma!

Sentindo-se muito aliviado, o doente chora...

Chora convulsivamente!

São Francisco converteu o homem de coração mais empedernido do leprosário! Súbito, fortes vozes reboam enfermaria adentro:

— Milagre! Milagre!

Procurando sempre a glória de Deus e não a sua própria, o religioso saiu para agradecer ao Senhor na solidão da floresta!

***

Conta-se que o Irmão Rufino, um dos primeiros confrades de São Francisco, aparecia constantemente macambúzio.

Por que seria?

É que o demônio o tentava dia e noite, dizendo-lhe que não adiantavam rezas nem penitências, pois já estava condenado ao inferno.

Embora muito virtuoso e chegado às orações e penitências, o pobre irmão tinha vergonha de se abrir com o pai Francisco.

Sofria calado.

Mas o Santo percebeu que algo estava errado com seu companheiro e o interpelou:

— Irmão Rufino, você anda muito esquisito! Posso ajudá-lo?

— Sim, meu pai! Acontece que o diabo vive a meu redor, na aparência de Jesus Cristo crucificado, dizendo-me que não adianta eu fazer mais nada, porque já estou condenado.

— Meu caro irmão, não ligue para as mentiras do tentador.

E, procurando descontrair a situação, continuou:

— Quando ele aparecer diga-lhe: “Abra a boca que eu quero defecar dentro dela!” Aí ele fugirá.

Um dia, Irmão Rufino rezava tranquilamente sob uma frondosa árvore, quando surge o diabo:

— Irmão Rufino, não lhe falei que não devia acreditar no Irmão Francisco?

Orientado pelo Santo, o frade gritou para o satanás:

— Abra a boca que eu quero defecar dentro dela!

Enfurecido, o diabo, numa grande explosão, desapareceu para sempre da vida do Irmão Rufino.

***

Em 1223, São Francisco fez o primeiro presépio do mundo.

Pediu a um seu devotado e gentil confrade da Ordem Terceira para levar à floresta, nas proximidades do eremitério de Gréccio, uma artística manjedoura cheia de feno, um boi e um asno; tudo lembrando o que ocorreu em Belém.

Na noite de Natal, os moradores das cidades vizinhas, em procissão, juntamente com os frades, portando tochas acesas, dirigiram-se ao presépio vivo, entoando lindos cantos.

***

José Mojica, famoso mexicano, tenor e artista de cinema, cujos filmes eram campeões de bilheteria, por volta de 1950, anunciou ao mundo que ia entrar no convento.

A reação foi enorme:

— Quê?! José Mojica padre?

— Não é possível!

— Isso é jogada publicitária.

— É fogo de palha!

— Eu garanto que ele não vai ficar dois meses no convento!

Por mais incrível que parecesse, Mojica, anos depois, tornou-se sacerdote franciscano, adotando o nome de José de Guadalupe Mojica.

Vendeu suas baixelas de ouro e prata, seu belo palacete, suas casas de campo e à beira mar, em suma, vendeu todos os seus bens. Apurou as rendas e as distribuiu aos pobres.

Escolheu a América do Sul para exercer seu apostolado. Aqui, na América do Sul, trabalhou durante mais de trinta anos.

Ele costumava dizer:

— Escolhi a Ordem Franciscana, porque São Francisco era o mais artista de todos os Santos!

***

Apresentamos algumas demonstrações da humildade do grande Santo de Assis:

Frei Masseo perguntou-lhe:

— Francisco, todos gostam de ti, mas tu não és belo, não és rico, jamais escreveste um livro... Então, por que todos gostam de ti?

E o Santo, em sua proverbial humildade, encarando o frade leviano, disse:

— Não sabes por que todos gostam de mim?

E, abaixando a cabeça, continuou:

— É porque todos têm pena de mim.

***

O Irmão Francisco percorre extensa lavoura, montado num burrico.

Um agricultor, sincero como sinceros são quase todos eles, admoestou-o:

— Francisco, você tem a obrigação de ser tão bom quanto seus admiradores acham que você é; não vá decepcioná-los!

O frei, mais contente do que se tivesse recebido um elogio, apeou do animal e, beijando o pé do camponês, falou:

— Meu irmão, Deus lhe pague!

ORAÇÃO DE SÃO FRANCISCO

Ó Senhor, fazei-me instrumento de vossa paz.
Onde houver ódio, que eu leve o amor.
Onde houver ofensa, que eu leve o perdão.
Onde houver discórdia, que eu leve a união.
Onde houver dúvida, que eu leve a fé.
Onde houver erro, que leve a verdade.
Onde houver desespero, que eu leve a esperança.
Onde houver tristeza, que eu leve a alegria.
Onde houver trevas, que eu leve a luz.
Ó Mestre, fazei que eu procure mais:
Consolar, que ser consolado.
Compreender, que ser compreendido.
Amar, que ser amado.
Pois é dando que se recebe.
É perdoando, que se é perdoado.
E é morrendo que se vive para a vida eterna!

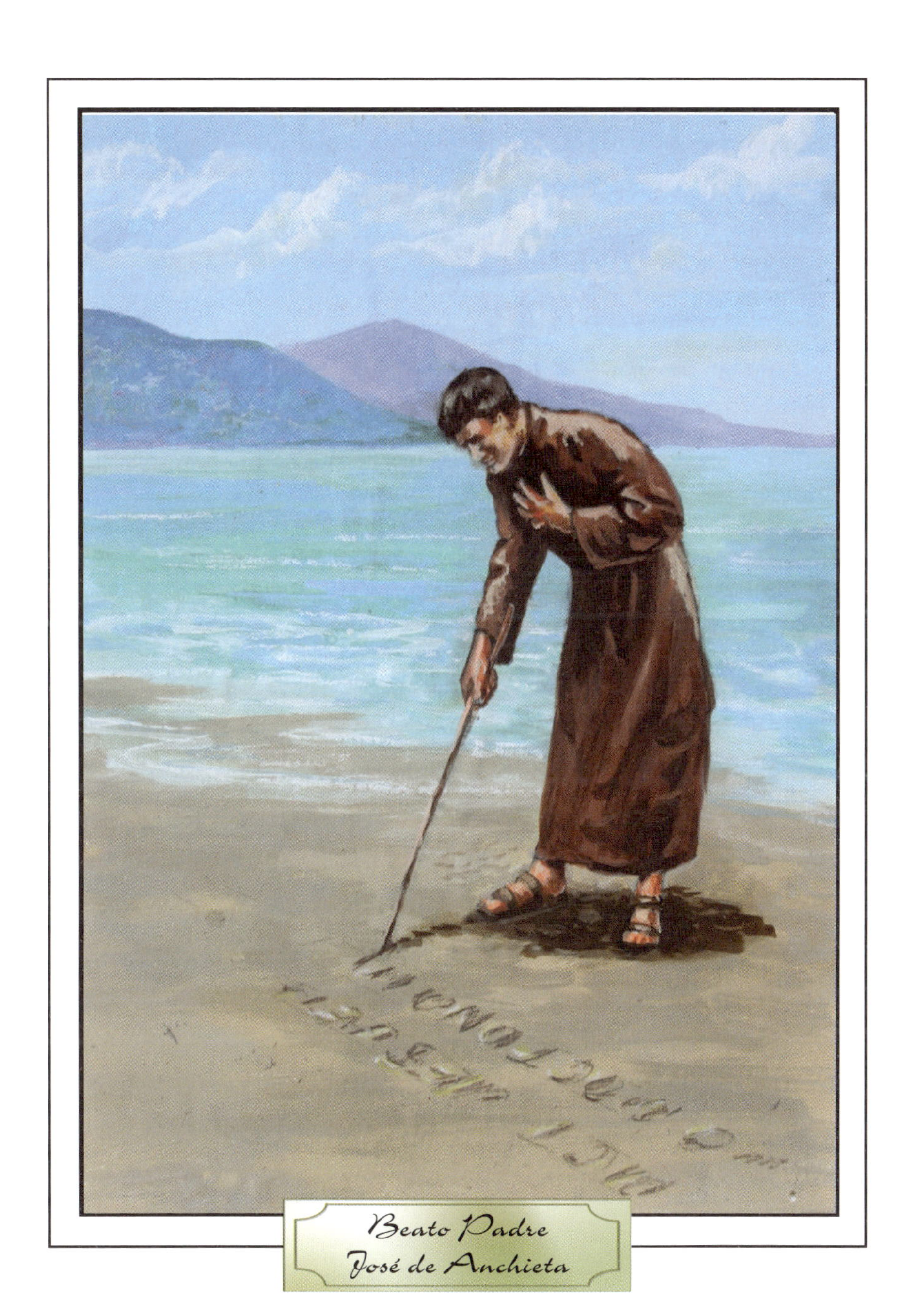

Beato Padre
José de Anchieta

BEATO PADRE JOSÉ DE ANCHIETA
(1534-1597)

Com o mínimo de material didático, Anchieta ensinava aos gentios e aos filhos dos colonos, entre outras matérias, o Tupi, que era chamado *língua geral*.

Esse tipo de linguajar não era bem-visto pelos *perós* (portugueses) que desejavam o progresso da erudição europeia, mormente de Portugal e da Espanha.

Em seu nobre afã, o esforçado jesuíta, às vezes, passava noites em claro ou dormia apenas três ou quatro horas por noite.

Ele compôs a "Arte da Gramática da Língua mais usada na Costa do Brasil".

A fim de melhor catequizar, escreveu hinos sacros e peças teatrais.

***

Juntamente com o já idoso Padre Nóbrega, pacificou os aborígines tamoios.

Em 1567 ajudou Estácio de Sá no esforço de expulsar os franceses do Rio de Janeiro.

Os dois jesuítas, fundadores de São Paulo, cuja única arma era a fé, só não foram trucidados pelos ferozes índios por especial proteção de Deus. Os perigos e a própria morte os rondavam dia e noite.

***

Um iracundo silvícola soube que uma de suas mulheres teve um filho com o inimigo.

Furioso, mandou enterrar vivo o indiozinho.

Anchieta implorou e foi autorizado a desenterrá-lo.

Rapidamente, lavou-o, tirando-lhe toda a terra.

Batizou-o.

Entretanto, tempos depois, precisou sepultá-lo de novo, porque nenhuma índia quis dar leite ao pobrezinho, forçando-o a morrer de inanição, e o pior: maldosamente correu o boato de que o religioso violara seu voto de castidade e o pequenino era chamado *filho do padre.*

Essa injustiça e clamorosa inversão de valores nos faz lembrar de que naqueles tempos já havia perigosos fofoqueiros!

***

Anchieta nasceu em terras espanholas e é considerado Santo Brasileiro. É justo?

É meridianamente claro que devemos chamar esse apóstolo de Santo Brasileiro por vários motivos:

Com apenas 20 anos, no verdor de sua existência, o noviço jesuíta chegou ao Brasil, de onde jamais teve pretensão de voltar a sua terra natal.

Catequizou silvícolas do Brasil durante 44 longos anos, período em que escreveu vários artigos sobre nosso povo e nossos costumes.

Dedicou-se de corpo e alma a transmitir, especialmente aos indiozinhos brasileiros e aos filhos dos colonos, conhecimentos de português, espanhol, latim e, é claro, a doutrina de Cristo.

Ensinava também conhecimentos gerais e práticos: carpintaria, construção e técnicas de criação e plantio. Consta também que, além de zeloso sacerdote, era mestre na confecção de alpargatas.

***

Como podia esse dedicado sacerdote franzino, meio corcunda e que às vezes passava dias acamado, por causa das fortes dores nas costas, fazer tantas coisas?

Certamente, foi alavancado pelo milagre do amor a Jesus e ao próximo.

Virgílio, o grande poeta latino, muito apreciado pelo Padre Anchieta, dizia: "Omnia vincet amor et nos vincamur amore" (O amor vence tudo e nós sejamos vencidos pelo amor).

***

Quando o sacerdote percebia que alguém organizava excursões com o fito ignóbil de capturar índios para escravizá-los, atacava-o no púlpito, com o ímpeto de uma onça que defendia seus filhotes.

Conta-se que um senhor, apesar da violenta maldição do padre, saiu à cata de aborígines para aumentar seu número de escravos.

De noite, horríveis pesadelos povoaram sua mente.

Ao amanhecer, não teve outro jeito: voltou contrito para confessar seu crime.

***

Num entardecer nostálgico, em que o sol incendiava o horizonte lembrando imensa fogueira, Anchieta, rezando, perambulava tranquilamente entre as palhoças construídas pelos gentios.

Avistou, recostada na porta de sua casa, uma índia bastante idosa.

Estava macambúzia.

Parou para cumprimentá-la:

— Boa tarde, vovozinha! A senhora está bem?

— Tô...

— Parece tão triste!

— É... Tô cum sodade dos bão tempo!

— Quais bons tempos?

— Quando acabava a batáia e nóis cumia os inimigo... Quanto mais valente eles era, mais valente ficava quem cumia a carne deles!

***

Chegando ao Brasil, o Apóstolo ficava chocado com várias atitudes dos índios.

Ele havia presenteado um jovem selvagem com um gorro.

Ficou estatelado, numa festa de casamento, ao deparar com o moço, todo faceiro, usando seu presente no alto da cabeça, mas, daí para baixo, estava completamente nu.

***

No episódio da detenção de Anchieta, como refém pelos tamoios em Iperoig (hoje Ubatuba), era evidente a força interna que ele tinha ante os ferozes gentios, comandados pelos três enraivecidos caciques: Coaquira, Jaguanharo e Cunhambebe.

Qual a origem de tanto ódio contra o missionário?

É que os franceses, após a primeira derrota, surpreendentemente penetraram nas florestas, em vez de irem embora.

Doidos por vingança e tentando reconquistar terras brasileiras, forneciam armas aos tamoios, insuflando neles o ódio contra os portugueses; para isso teciam as mais torpes calúnias que eram facilmente aceitas pelos ingênuos gentios.

Afinal, Anchieta era companheiro dos *perós* (portugueses), pertencia à raça que escravizava os índios e não adotava os costumes selvagens; entretanto, coisa admirável, não tinham esses ferozes antropófagos coragem para tocar um dedo sequer na sotaina do Homem de Deus!

Mas as ameaças eram assustadoras.

Chegaram mesmo a dizer ao jesuíta, cara a cara, que logo iam devorá-lo, ao que o Servo de Deus respondia: "Enquanto eu não tiver cumprido a missão do Espírito Todo-Poderoso, ninguém vai me devorar!"

***

Para aproveitar os quase cinco meses em que esteve sob a vigilância dos tamoios, o Missionário resolveu escrever muitos versos em latim, que era a língua universal dos eruditos daquela época.

Não tinha papel.

Não tinha pena.

Não tinha tinta.

Mas tinha a vastidão da praia, cujas areias brancas receberiam seu poema.

Ele tinha excelente memória e tinha também um oceano de boa vontade.

Escreveu nessas claras areias 5.786 versos, homenageando a Virgem Maria de quem era fiel devoto; decorava-os e mais tarde, em São Vicente, registrava-os no papel.

***

O Padre José de Anchieta foi beatificado em 1980 pelo Papa João Paulo II.

É patrono da Academia Marial de Aparecida, à qual tenho a honra de pertencer.

São João Bosco

SÃO JOÃO BOSCO
(1815-1888)

Quando era estudante, João Bosco fundou a *Sociedade da Alegria* que tinha por finalidade unir os jovens num ambiente descontraído, atraente e sadio.

Esse Homem de Deus teve uma existência repleta de peripécias.

Ele mesmo conta que sua vida era tão cheia de aventuras prodigiosas que se algumas pessoas, no futuro, lessem-na, teriam dificuldade para acreditar; julgariam estar lendo um romance...

***

Foi ordenado sacerdote em 5 de junho de 1841.

Escreveu suas memórias por ordem expressa do Pontífice Pio IX. Este papa proclamou *o Dogma da Imaculada Conceição* em 1854.

Em sua juventude, D. Bosco adorava fazer magias, que eram elaboradas com tal perfeição que seus espectadores achavam que ele tivesse parte com o diabo, "porque o cidadão comum não podia fazer essas coisas... E Deus não tinha tempo a perder com semelhantes loucuras", diziam eles.

Com muita habilidade, Bosco andava na corda esticada, visando atrair as crianças para o catecismo.

Em outras ocasiões, fazia sair de uma caixinha bolas maiores que a própria caixa, tirava bolinhas da ponta do nariz da turma, adivinhava o total de dinheiro existente nos bolsos alheios, convertia moedas em rodelinhas de lata enferrujada, transformava avelãs e nozes em pedregulhos etc.

Tudo isso lhe deu o cartaz de bruxo e foi levado ao conhecimento do erudito e sisudo Cônego Burgio, que era delegado das escolas e pároco da Catedral.

Numa bela tarde, Bosco recebeu uma carta.

Espiou o remetente:

Cônego Burgio
Delegado das Escolas e Pároco da Catedral

Abriu e leu:

"... e que venha, o mais urgente possível, a minha residência, para termos uma saudável conversa!

Antecipadamente grato,
Cônego Burgio".

Poucos minutos depois, o jovem estudante batia à porta do sacerdote, que gentilmente o recebeu:

— Meu filho, em primeiro lugar, agradeço-te a presteza com que atendeste meu chamado, depois quero alertar-te de que tua fama de bruxo está alastrando-se por toda parte: descobres o valor do dinheiro no bolso dos outros, adivinhas os pensamentos... Enfim, tens parte com satanás... E tu, o que me dizes?

— Peço-lhe apenas dois minutinhos para responder.

Momentos depois, Bosco perguntou ao velho cônego a hora certa.

Mas o relógio desapareceu.

O jovem prosseguiu:

— Por favor, dê-me uma moedinha!

A carteira também sumiu.

Aí, o religioso perdeu as estribeiras... Perdeu o sorriso inicial, perdeu o bom humor, perdeu a compostura e, levantando os braços, disse:

— Miserável!... Vejo que de fato tens parte com o demônio! Roubaste-me o relógio e a carteira sem eu perceber!

— Meu caro Senhor Cônego, tenho muito respeito pelo senhor! Tudo não passa de habilidade manual!

— Como?

— Chegando a sua residência, o senhor dava uma esmola a uma pedinte e, distraidamente, deixou a carteira sobre o móvel. Depois, indo para a sala, deixou o relógio em cima da mesinha. Escondi os dois. Enquanto o senhor tinha em mente que portava esses objetos, eu os guardava sob aquela toalha!

Levantou a toalha e apareceram os pertences que supostamente foram levados pelo diabo.

Satisfeito e rindo bastante, o cônego falou:

— Filho, continua teus admiráveis truques e dize a teus amigos que "ignorantia est magistra admirationis" (A ignorância é a mestra da admiração).

***

Corria a maldosa notícia de que D. Bosco estava ficando cada vez mais maluco.

Por isso seus colaboradores, dia após dia, afastavam-se mais dele.

O próprio arcebispo se omitia.

Entre seus teólogos e colegas a voz era uma só:

— D. Bosco?!... Esse não anda bem da cachola!

E concluíam:

— Nós, seus amigos, precisamos interná-lo com a máxima urgência num manicômio!

Mandaram, então, dois eclesiásticos buscá-lo num coche, com muito cuidado, porque, diziam: "Ele, às vezes, é perspicaz; o negócio é pegá-lo com jeitinho e levá-lo direto para o hospício".

Os dois homens, ao se depararem com o padre perseguido, cumprimentaram-no cordialmente e convidaram-no a dar um passeio... a tomar um pouco de ar puro...

D. Bosco, que não era bobo, percebeu logo a artimanha; acompanhou-os até o carro e insistiu:

— Por favor, entrem primeiro. Tomem seus assentos e fiquem à vontade!

Mas ele mesmo não entrou.

Bateu rápido a portinhola, gritando:

— Rápido, para o manicômio que espera esses dois hóspedes!

— Sim, senhor!

Ouviram-se fortes estalos de chicote nos lombos dos animais e o coche saiu velozmente, levando ao hospício os dois fracassados mensageiros que *foram buscar lã e saíram tosquiados.*

***

Em sua vida agitada, D. Bosco foi acusado de subversivo, de feiticeiro, de louco...

O Oratório que fundara foi várias vezes vítima de batidas policiais, cuja principal sanha era contra suas comunicações com o papa e com os jesuítas, considerados inimigos do governo italiano.

Jamais encontraram algo que pudesse incriminar o grande educador, mas a perseguição continuava, o que levou o Santo a desabafar: "Tenho setecentas crianças sob minha proteção... Cuidar delas é dever de quem? De vocês, que me perseguem ao invés de me ajudarem!"

***

São João Bosco, em 1859, instituiu a conceituada e mundialmente conhecida Congregação Salesiana.

Poucos anos depois, fundou o Instituto das Filhas de Maria Auxiliadora, visando a educação da juventude feminina.

Aqui no Brasil, no Estado de São Paulo, o admirável Liceu Coração de Jesus foi fundado por seus missionários.

Foi canonizado em 1934.

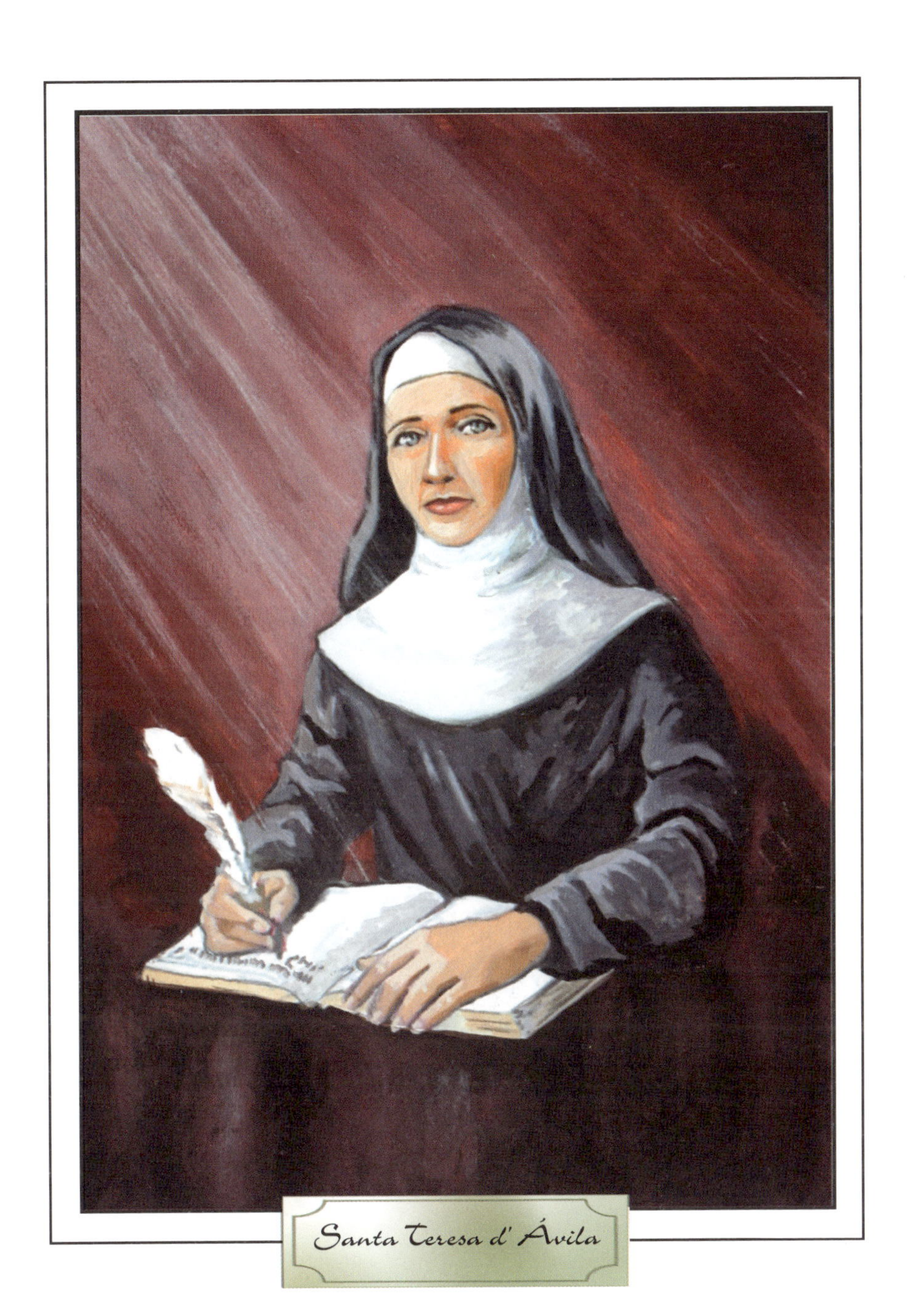

Santa Teresa d' Ávila

SANTA TERESA D'ÁVILA

(1515-1582)

Santa Teresa era muito culta, tendo sido proclamada, em 1970, a primeira mulher Doutora da Igreja pelo Papa Paulo VI.

Santa espanhola.

Durante suas orações, esteve em êxtase muitas vezes, publicamente assistido e testemunhado.

***

Escreveu um livro místico e clássico intitulado *O Castelo Interior*.

Quando Santa Teresa entrou no convento carmelita, a regra era muito permissiva. Havia excesso de freiras que mantinham seus bens e podiam até ir a seus lares tomar refeições.

Urgia uma reforma corajosa e moralista para o bem da vida espiritual dessas religiosas; as mudanças foram feitas por Santa Teresa d'Ávila, auxiliada por São João da Cruz, que era um disciplinado carmelita e notável místico.

***

Santa Teresa notabilizou-se pela praticidade de sua vida e de seu bom humor.

Chegou a dizer: "Teresa sem a graça de Deus é uma pobre mulher; com a graça de Deus, uma fortaleza; com a graça de Deus e muito dinheiro, uma potência".

Falando sobre a oração, comentava: "Ao orarmos, somos como os que assistem a uma tourada, seguramente protegidos nas arquibancadas, inacessíveis aos ataques dos touros".

***

Consta do processo de canonização da Santa que: "Dona Joana, irmã de Santa Teresa, iniciou com seu esposo a construção de um convento, em Ávila, no ano de 1561. Durante a construção, uma parede do futuro convento caiu sobre o menininho Gonzalo, filho de Dona Joana. Ele brincava perto dali. Santa Teresa tomou a criança inerte em seus braços e começou a rezar. Minutos depois, o menino estava perfeitamente são".

***

Santa Teresa d'Ávila, seis anos depois de sua morte, exalava deliciosa fragrância que, segundo José Lorenzatto (*Revista de Parapsicologia*, 29), é interpretada como osmogênese parapsicológica (do grego: *geneses* = produção; *osme* = odor). Ele nos alerta sobre falsas osmogêneses obtidas por truques, às vezes grosseiros. "Neste artigo, diz ele, focalizamos a osmogênese entre os místicos católicos por ser muito mais frequente; não damos importância à diferença numérica; no entanto, a vida dos místicos e santos católicos tem apresentado incomparavelmente mais casos de fenômenos parapsicológicos do que qualquer outro grupo..."

***

Santa Teresa foi canonizada em 1622.

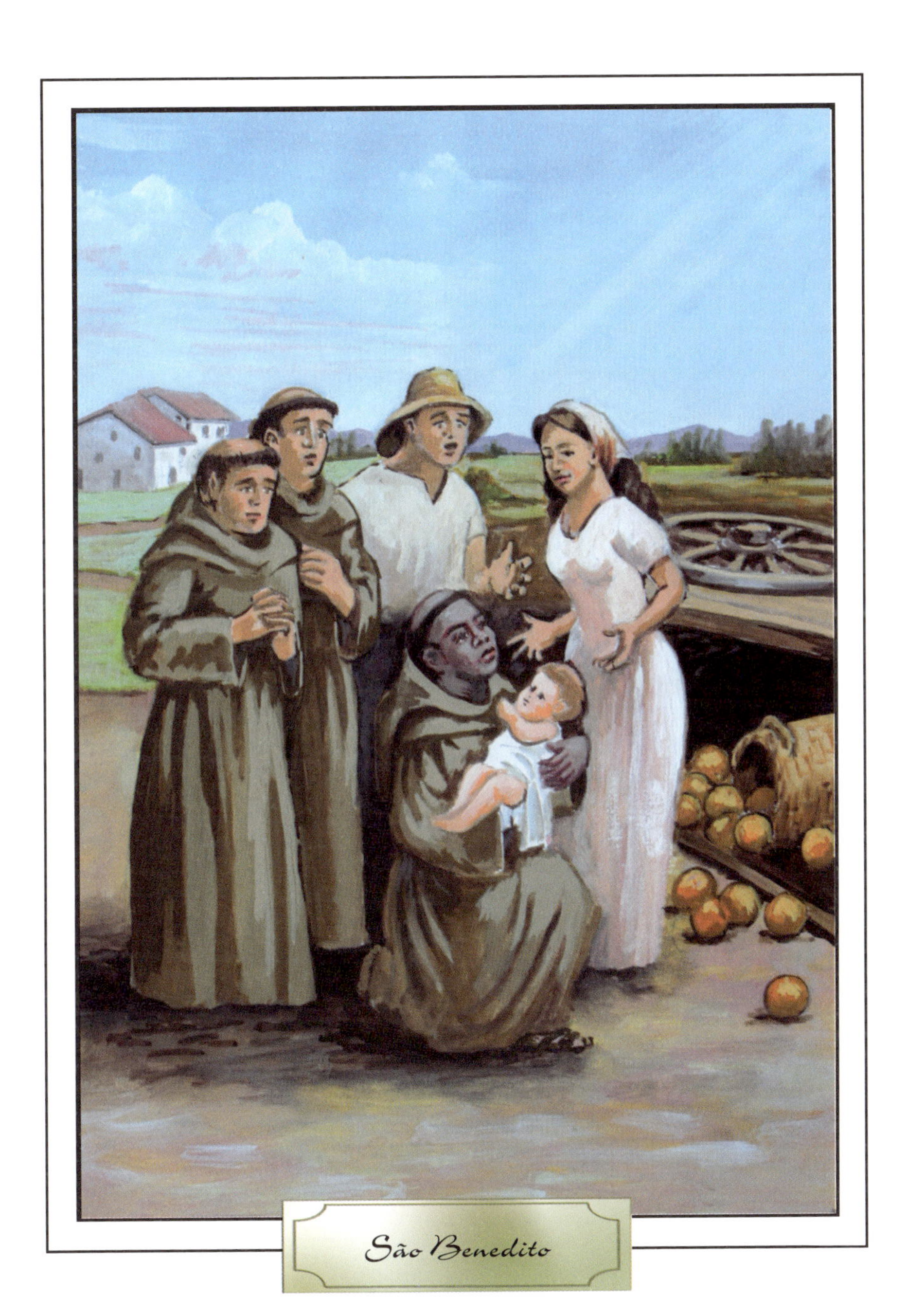

São Benedito

SÃO BENEDITO
(1526-1589)

Aos vinte e um anos, São Benedito, o milagreiro e muito estimado santo negro, trabalhava na lavoura em sua terra natal, no lugar chamado San Fratello, na Itália.

Influenciado pelo virtuoso monge Frei Jerônimo, ingressou na Ordem dos Irmãos Eremitas Franciscanos.

Tão rigorosa era essa congregação que mandava seus eremitas jejuarem três vezes por semana.

Dizem que, estando no campo, cuidando de suas terras, Benedito foi debochado por uma turma de desordeiros por causa de sua cor.

Coincidentemente, Frei Jerônimo passava por ali. Dirigindo-se aos desocupados, admoestou-os com firmeza e vaticinou em altos brados:

— Num futuro bem próximo, vocês ouvirão maravilhas dessa pessoa que estão desprezando por ser negro!

***

Apresentamos dois entre os muitos e muitos milagres operados por intercessão do humílimo franciscano São Benedito:

Uma senhora, vitimada por violento câncer na mama, prostrada em seu leito de dor, implorava:

— Frei, ajude-me por amor de Deus!

Apiedado, São Benedito, o sentimental e caridoso taumaturgo, fez o sinal da cruz sobre o seio infectado pelo tumor maligno.

Pediu que ela tivesse fé em Deus Todo-Poderoso.

Solicitou as orações dos presentes. Todos rezaram e viram, estupefatos, a mulher voltar a ser saudável. Quando o Santo pediu que todos rezassem, ele, humildemente, quis desviar de si a geral atenção sobre o fantástico milagre feito por Deus através de sua pessoa.

***

Num belo dia do mês de maio, com os passarinhos gorjeando no arvoredo e as barulhentas gralhas voando alegres pelos prados, uma família de camponeses foi visitar os frades franciscanos.

Nas proximidades do convento, que tristeza!... A precária condução virou, esmagando uma criança.

Ao saberem do infausto acontecimento, todos os religiosos correram para socorrer os acidentados.

No local do sinistro o choro era geral. Que cena cruel!

O miraculoso Benedito, tomando o nenê ao colo, pediu que todos rezassem, com muita fé na Santa Mãe de Jesus.

Concentrou-se em profunda oração.

Mais uma vez, o Senhor Deus, atendendo à súplica de seu fiel servo, operou magnífico milagre.

A criança abriu os olhos.

Tinha ressuscitado!

***

O povo brasileiro carinhosamente apresenta várias historietas engraçadas sobre seus mais populares santos: São Pedro e São Benedito.

***

Na região do Vale do Paraíba, percorria as ruas atraente e, como sempre, entusiástica procissão em louvor ao querido santo negro.

Quatro garbosos devotos conduziam seu andor, caprichosamente ornamentado.

Sebastião da Silva, que não perdia uma só festa de São Benedito, ia à frente, portando sobre o ombro um dos varais enfeitados da vistosa padiola que ostentava, entre muitas flores, o glorioso padroeiro.

Tião Negrinho, como era chamado, caminhava ufano e sorridente no meio daquele povo fiel e festivo, sob o estimulante som da “Furiosa”.

Acudiam à imaginação do bom devoto, ora a piedosa figura do Santo, ora as inevitáveis situações profanas do dia a dia, como, por exemplo, o próximo pagamento na Prefeitura, da qual era funcionário, e as contas a pagar?! Açougue, empório, água, luz, o turco da prestação... Nossa!

Súbito, apareceu no chão, rindo para ele, uma nota de 50 reais.

Esquecendo-se de sua imediata responsabilidade, Tião abaixou-se para pegar a valiosa cédula.

Aí, o andor pendeu para seu lado, desequilibrando o padroeiro que se inclinou, sendo logo advertido:

— Carma, São Benedito! Eu achei primeiro!

***

São Benedito foi canonizado em 1807 pelo Papa Pio VII.

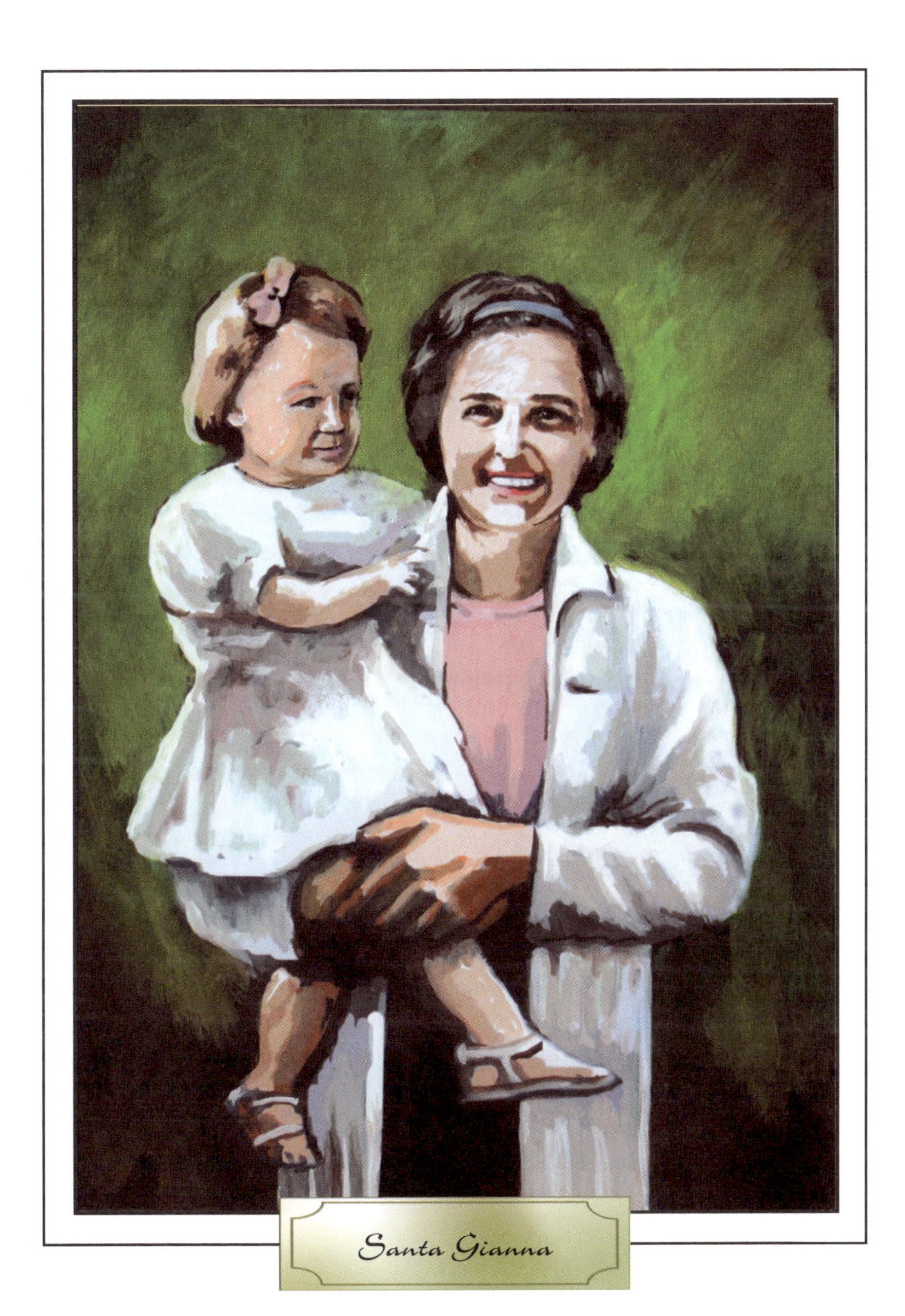
Santa Gianna

SANTA GIANNA BERETTA MOLLA
(1922-1962)

Santa italiana, bem atual.

Tinha muita devoção à Virgem Maria.

Especializou-se em pediatria em 1952, na Universidade de Milão.

Praticava esportes, tendo grande prazer mormente no alpinismo e no esqui.

Gianna foi uma mulher ativa, alegre e cheia de vida.

Tocava piano e sabia aproveitar seus momentos de lazer, assistindo com seu esposo aos concertos de música clássica no conservatório de Milão.

Gostava de conduzir, ela mesma, seu próprio carro.

Seu casamento com o engenheiro Pedro Molla ocorreu em 1955. Tiveram um filho e três filhas.

Por ocasião de sua gravidez, corajosamente, não quis ser operada do câncer para não prejudicar a vida do bebê nascituro.

Se ela tivesse optado por uma intervenção cirúrgica, certamente teria salvado sua vida e teria feito o aborto, mas preferiu o meio mais arriscado para ela.

Devido a seu firme propósito de não praticar o aborto, deu à luz uma criança muito saudável, Gianna Emanuela, seu quarto bebê.

Em 1962, vitimada por um fibroma uterino, a mãe santa, uma semana após o parto, faleceu.

Gianna Beretta demonstrou que realmente era um admirável exemplo de abnegação e doação da própria vida.

Daí a grande admiração que a humanidade tem por ela.

Seu esposo, o Dr. Pedro Molla afirma:

> "A nós e à família de minha esposa nos seguiam, chegando numerosas cartas de todas as partes do mundo. Escreviam-nos mulheres alemãs e americanas que chamavam Gianna de *mamãe* e declaravam

que nela encontravam uma amiga; e afirmavam que se dirigiam a ela quando tinham necessidade de ajuda e que a sentiam muito próxima".

***

Entre os grandes milagres que serviram de base para a beatificação de Gianna, está o ocorrido em 9 de novembro de 1977 num hospital brasileiro: todas as religiosas que lá estavam e que confiavam na poderosa ajuda dessa Santa passaram a noite orando para que, por intercessão de Gianna, fosse salva uma jovem parturiente, vítima de septicemia, infecção generalizada em que germes e suas toxinas invadem o sangue e nele se multiplicam.

Milagrosamente, operou-se o prodígio da cura.

***

O outro milagre notável aconteceu no Estado de São Paulo, no progressista município de Franca: Um jovem casal constatou a perda total do líquido amniótico relativo à membrana que se desenvolve em torno do embrião.

Cheios de confiança, marido e mulher pediram a intercessão de Santa Gianna.

O nascimento da saudável criança chamada Gianna Maria Arcolino Camparini, apesar de nos primeiros meses ter havido rompimento da membrana, foi declarado autêntico milagre pelas autoridades eclesiásticas.

A médica obstetra Nádia Bicego Vietez afirmou: "Pelo que aprendi, isso não é normal... Pela ciência, essa criança não teria chance de sobreviver".

O bispo de Franca comunicou o fato extraordinário ao Vaticano que determinou a abertura de um processo que durou mais de dois anos.

Conclusão: "Não existe explicação científica para o que aconteceu".

***

Na cerimônia de canonização da Dra. Gianna, em 16 de maio de 2004, estavam presentes seu marido e sua filha Gianna Emanuela, que receberam a Eucaristia das mãos do Pontífice João Paulo II.

São Geraldo

SÃO GERALDO
(1726-1755)

Nasceu na pequena cidade italiana chamada Muro, em 6 de abril de 1726.

Desde pequenino brincava com milagres.

Mesmo assim, aos 15 anos de idade, por causa de sua compleição franzina, ninguém o aceitava para carreira na vida religiosa.

Duas vezes bateu às portas da Congregação Redentorista.

Duas vezes foi rejeitado.

Antes já tinha pedido aos capuchinhos que o acolhessem no convento, para ajudar nos serviços, como, por exemplo: portaria, cozinha, faxina ou alfaiataria, sua atual profissão.

Não o aceitaram.

Por quê? Por causa de sua magreza.

Ah! Se soubessem esses religiosos quanto brilho o humilde postulante ia dar à Igreja e ao mundo, certamente o teriam recebido sem pestanejar!

Diz a sabedoria do povo: "Gota mole em pedra dura, tanto bate até que fura".

Após muitas insistências, os padres redentoristas o aceitaram, embora contrariados, senão vejamos:

***

O superior dos missionários redentoristas, Padre Cáfaro, não tendo outra alternativa e achando que Geraldo seria mandado de volta logo nos primeiros dias, resolveu admiti-lo e enviá-lo, portando um melancólico bilhete, ao Padre Lourenço, superior do convento em Deliceto.

O recadinho dizia:

"Estou mandando-lhe um candidato a Irmão, inútil para trabalhos gerais por causa da fragilidade física. É mais uma boca para ser alimentada por nosso convento tão pobrezinho. Ocorre que em Muro, sua terra natal, todos admiram suas grandes virtudes".

Quanto à produção, enganou-se o Padre Cáfaro; o magricela trabalhava por dois ou três. Tinha ótima resistência física. Era dedicado, produtivo e muito devotado ao trabalho.

***

Um dos mais belos e convincentes milagres feitos por intercessão de São Geraldo ocorreu na baía de Nápoles.

Era por volta de 1754.

O mar estava encapelado, sob um céu de chumbo, riscado pelos relâmpagos.

Medonho temporal apavorava os moradores daquela região.

Trovões ribombavam de instante a instante na imensidão, preocupando a todos.

Parado no local chamado "Pedra do Peixe", um barco de pescadores flutuava à deriva.

Lá dentro, sete homens do mar, pusilânimes ante o embate das altas ondas, nada mais podiam fazer senão rezar, esperando a hora derradeira.

A poucas centenas de metros, sobre o aterro sustentado pela grande muralha de suporte, os familiares gritavam desesperados:

— Cuidado, titio!

— Nossa Senhora! Cuidado, papai!

— Deus de Misericórdia, tende piedade!

Aparece o Irmão Geraldo.

Levanta os braços e eleva os olhos para os céus numa concentrada oração.

E, resoluto, imitando Jesus diante dos apóstolos, na Galileia, caminha sobre as ondas revoltas.

Pega a corda que, impulsionada pelos ventos, se debatia na frente do barco.

Faz sobre si um grande sinal da cruz, exclamando:

— Vamos, em nome da Santíssima Trindade!

Coloca a corda sobre o ombro, puxando tranquilamente a embarcação que, à vista de todos, o segue docilmente.

Depois, o Santo, vendo os pescadores salvos no aconchego de suas famílias, vai embora, evitando elogios que, segundo ele, são devidos somente a Deus.

***

Estudava num convento, em Foggia, uma jovem de aspecto angelical.

Angelical era só o aspecto. Ela era orgulhosa, vingativa e insensível.

Era dotada de razoável Q. I.

Se tivesse nascido homem, seu ambiente, ao invés de habitação de comunidade religiosa, mais apropriado seria um quartel, onde exerceria o cargo de um general tirano.

Chamava-se Néria Caggiano.

Em várias ocasiões Geraldo tentou ajudá-la, ora pedindo de porta em porta recurso para que ela pudesse continuar seus estudos, ora lhe dando bons conselhos, mas o orgulho a tornava impermeável aos incentivos e às admoestações do bom religioso.

Algum tempo depois que ela ingressou no convento, diante de sua indecisão, a superiora a expulsou.

Manhosa e soberba, resolveu vingar-se de seu fracasso.

Escolheu para vítima Geraldo.

Arquitetou um plano satânico.

Seu confessor, Padre Benigno, era um sacerdote virtuoso, porém incapaz de fugir de suas malhas bem articuladas e mefistofélicas.

Com seu jeitinho, contou ao padre que Geraldo tinha sido pilhado abusando de uma jovem ingênua e pura. Contou que tudo isso ela vira com os próprios olhos... que tinha até mesmo nome e endereço da vítima... que ele a desonrou e a engravidou... que tinha testemunhas...

— Meu Deus!

— É a pura verdade!

E prosseguiu:

— Não foi uma única vez que o pulha cometeu esse pecado, aproveitando-se da batina!

E fazendo-se de pudica:

— Sinto-me envergonhada em dizer tais coisas...

Petrificado, o padre confessor perguntou:

— Por que não denunciou isso antes?

— Porque tinha medo da reação daqueles que acreditam nele!

— Néria, você está contando um caso de muita gravidade!

— Mas não posso me omitir!

— Você está caluniando um santo!

— Um santarrão hipócrita!

— Você jura com a mão sobre o crucifixo?

— Juro!

— Você sabe do grande pecado que é o perjúrio?

— Sim. Eu sei.

— Então, aqui está o crucifixo.

Néria teve um ligeiro tremor, mas se recuperou e, colocando a mão direita sobre a imagem de Jesus Crucificado:

— Juro, perante Deus, que tudo o que eu contei sobre o Irmão Geraldo é verdade!

O confessor não teve outro caminho a seguir, senão mandar a penitente escrever uma carta detalhada sobre o assunto.

Devidamente assinada, a denúncia foi encaminhada ao Padre Afonso de Ligório, Superior-Geral da recém-fundada Ordem dos Redentoristas.

A terrível correspondência deixou o fundador quase doido. Sacudindo a cabeça murmurava: “Não é possível!... Geraldo, o virtuoso!... A risonha e santa esperança de minha nova congregação, envolvido num escândalo desses!... Vamos cair no descrédito... No ridículo!”

Mandou o Padre André Villani, homem de sua inteira confiança, fazer rigorosa sindicância junto à Néria e ao Padre Benigno.

Tão bem urdida foi a trama que o sindicante, dias depois, voltou a Pagani aborrecidíssimo, na convicção da culpa de Geraldo.

Apresentou-se ao Santo Fundador:

— Padre Afonso, eu lamento muito, mas todas as evidências apontam para a culpabilidade do Irmão!

— Você falou com a denunciante?

— Sim.

— E com o Padre Benigno?

— Sim.

— Como se trata de um caso escabroso, você mandou que ela jurasse?

— Sim. Ela jurou até sobre os evangelhos.

Padre Afonso engoliu em seco:

— Preciso urgentemente falar com Geraldo!

Escreveu para Deliceto, determinando ao superior do convento que lhe enviasse, o mais rápido possível, o Irmão Geraldo.

Na outra semana, ignorando a gravidade do momento, ostentando uma aparência jovial e tranquila, o chegadiço foi à presença do Padre Afonso:

— Às suas ordens, meu pai!

— Irmão, por favor, leia esta carta!

Geraldo leu e releu.

Era a maior infâmia, a mais descarada calúnia que tinha visto em toda a sua existência... Tudo em letras claras, com a assinatura de Néria Caggiano.

Duas grossas lágrimas precipitaram-se de seu rosto magro, há pouco risonho.

O superior pensou: "Como deve estar arrependido!..."

Mas não eram lágrimas de arrependimento, e sim de desilusão. Como pode um ser humano chegar a tal ponto, a tão grande infâmia? Néria... Quantos conselhos... Quanta ajuda, quantos incentivos... E agora...

Por fim, devolveu a carta.

Nada retrucou.

Afonso, além de santo, era de uma cultura excepcional. Com apenas 15 anos de idade, já tinha seu diploma de advogado. Ludibriá-lo não era fácil, mas o escândalo estava tornando-se tão claro!

— Irmão, é incrível que você não se defenda! Nada tem a dizer?!

Geraldo continuava cabisbaixo e mudo!

E o Fundador:

— Pode se retirar!

Cumprindo a espinhosa missão que pesava sobre seus ombros, o superior dava prosseguimento às investigações.

Quase vinte dias depois, chamou Geraldo:

— Nossa Regra determina que o deslize contra a castidade será punido com a expulsão da Congregação, mas considerando suas muitas virtudes, vamos impor-lhe outros castigos.

— Deus lhes pague!

E, na qualidade de réu, o Irmão abaixou ainda mais a cabeça, aguardando a punição.

Padre Afonso falou:

— Você não poderá se comunicar com o público!

De volta a Deliceto, Geraldo vivia como prisioneiro no convento.

Seus confrades não sabiam o que se passava com o pobre Irmão.

Todos comentavam:

— Por que ele não podia se comunicar com os leigos? Por que estava sendo punido?

Além de confortado pelas orações, o Santo era plenamente apoiado por seu confessor.

Até mesmo o Superior-Geral não acreditava nas denúncias e pedia ao céu que iluminasse tão rude ocorrência.

Geraldo recebeu uma carta do Fundador, liberando-lhe a comunhão aos domingos.

Diz o provérbio: "Não há bem que dura, nem mal que perdura".

Néria não aguentava mais o remorso que, semelhante a um corrosivo, a minava por dentro.

Dia e noite, pensamentos tétricos apossavam-se dela. Em seus pesadelos, via-se nas chamas do inferno, cercada de horripilantes demônios.

A estrutura de sua personalidade começou a definhar a olhos vistos.

Apavorada, mandou chamar seu confessor, aquele mesmo religioso que, enganado por ela, enviara a carta denúncia ao Padre Afonso:

— Padre Benigno, socorro!

— Fala, minha filha!

— Fiz um gravíssimo pecado inventando aquelas calúnias contra o Irmão Geraldo!

— Virgem Santa!

— Estou muito arrependida!

— Para sanar seu erro, você precisa, urgente, escrever outra carta também assinada que eu próprio mandarei ao Superior dos Redentoristas, em Pagani.

Néria retratou-se mediante nova declaração assinada, na qual pedia perdão ao Santo.

Sem perda de tempo, o sacerdote enviou a carta de Néria juntamente com outra sua, caprichosamente escrita, ao Superior-Geral, na qual pedia perdão por ter acreditado em uma pessoa tão maldosa e falsa.

Ao ler as duas correspondências, o Fundador da florescente Congregação chorou de alegria, murmurando:

— Louvado seja Deus! Eu tinha quase certeza de que Geraldo jamais teria cometido tal infâmia! Vamos desfazer já essa terrível trama!

Ordenou que o Irmão fosse mandado, com urgência, a sua presença.

Quando Geraldo chegou, Padre Afonso com os olhos rasos de lágrimas o abraçou, dizendo:

— Meu filhinho, por que não se defendeu quando foi atacado?

Também chorando, Geraldo falou:

— Meu pai, nossas regras não dizem que ao sermos acusados não devemos nos desculpar?

Depois desse dramático episódio, multiplicaram-se cada vez mais os milagres do querido e venerável Irmão.

***

Os milagres de São Geraldo, mormente aqueles ocorridos no fim de sua vida, eram tantos e tão incríveis que seriam considerados lendas, se não fossem os testemunhos de pessoas fidedignas que asseguravam sua veracidade sob juramento.

Para não ficar muito enfadonho, relacionamos aqui apenas alguns:

***

Cura completa do menino Amado, filho da família Giuliani, queimado horrivelmente no rosto, no peito e nos braços com água fervente; o garoto já tinha sido desenganado pelo médico.

O prodígio relativo às vigas curtas, lamentadas e objeto de blasfêmia do mestre de obras e dos pedreiros.

No convento de Deliceto, na gestão do Padre Cáfaro, ocorreram dois casos notáveis:

Um jovem tinha a perna direita totalmente infetada pela gangrena e, a pedido da mãe, foi curado pelo Santo.

Um moço tuberculoso em último grau, já nos estertores da morte, desesperançado pelo médico, é perfeitamente sanado pelo grande taumaturgo.

Na Vila Andria, Geraldo debelou a praga dos ratos que devoravam o trigal.

Em Corato, durante a procissão, entra em êxtase, ficando ante o olhar maravilhado de todos longo tempo elevado da terra.

Conversão dos quinze jovens libertinos de Castelgrande.

Em 1754, no período em que a população era atingida pela fome, Geraldo distribuiu todo o trigo do celeiro aos necessitados e depois, diante da estupefação do Padre Reitor, milagrosamente apresenta esse depósito de cereais repleto do precioso alimento.

Opera o milagre ao Padre Sassi, que perdera o juízo havia sete anos e, exasperado, gritava muito. Geraldo, traçando o sinal da cruz na fronte do alienado, devolveu-lhe o juízo perfeito. Tempos depois, quando esse religioso celebrava a missa, sempre com perfeição, até mesmo as crianças comentavam: "Vamos assistir ao milagre do Irmão Geraldo".

Outro caso fantástico: O Irmão estava às portas da morte. Foi visitá-lo um hortelão, homem rude, acostumado a labutar na lavoura. Devido ao insistente pedido do enfermo, o agricultor sentou-se ao piano e tocou magistralmente; quem diria... Ele, o lavrador, que jamais tinha feito soar qualquer tipo de instrumento musical, tocando dessa maneira!

***

Em certa ocasião, seus confrades comentavam:

— Se eu soubesse que a morte viria me buscar dentro de dez minutos, eu iria até o Sacrário e, ali orando, morreria feliz!

— Se o Anjo da Morte me avisasse que eu partiria nos próximos minutos, eu pegaria o meu rosário e, rezando, morreria feliz!

— E você, Irmão Geraldo, se durante o trabalho recebesse o aviso de sua morte nos próximos instantes, o que faria?

— Eu continuaria fazendo exatamente a mesma coisa, porque o trabalho honesto já é uma oração!

***

Estranhamos o melindre de alguns biógrafos de santos em reportar os milagres, parecendo que os considera lendários demais, entretanto, até os dias de hoje a Igreja exige milagres para a beatificação e canonização dos santos.

Que triste seria a biografia de um Santo Antônio, de um São Francisco ou de um São Geraldo, sem o relato da constelação gloriosa dos prodígios operados por intercessão deles!

Para Deus nada é impossível!

***

Alavancado pela fama dos grandes prodígios que realizava, Geraldo era frequentemente requisitado por pessoas da alta sociedade, inclusive dignitários da Igreja; entretanto, ele preferia ficar entre as mais humildes.

São Geraldo Majela foi canonizado pelo Pontífice Pio X em 1904.

Recebe a veneração dos fiéis nos grandes santuários de Materdomini (Itália), Witten (Holanda) e Curvelo-MG (Brasil).

BIBLIOGRAFIA

ABIB, Pe. Jonas. *Valei-me, São José*. São Paulo: Edições Loyola, 1998.

ANDRADE, A. França. *Aventuras de São João Bosco*. São Paulo: Artpress Indústria Gráfica e Editora Ltda., 2002.

ANDRADE, A. França. *Profecias de São João Bosco*. São Paulo: Artpress Indústria Gráfica e Editora Ltda., 2002.

BISCHOF, Josef. *Soldado de Deus-Santo Inácio de Loyola*. São Paulo: Dominus Editora S.A., 1964.

BRITO, PE. Fernando Tomás de. *Vida e Milagres de Santo Antônio*. São Paulo: Artpress Indústria Gráfica e Editora Ltda., 2001.

CARDOSO, SJ, Pe. Armando. *Anchieta, Mensageiro de Vida*. São Paulo: Edições Loyola, 2001.

COSTA, José Silveira da. *Tomás de Aquino – A Razão a Serviço da Fé*. São Paulo: Editora Moderna Ltda., 1997.

COSTA, C.Ss.R., Pe. Francisco. *Vida de São Geraldo*. Aparecida-SP: Editora Santuário, 1989.

DE SENA, Madureira Pedro Paulo. *Santo Agostinho*. São Paulo: Editora Três, 1973.

DOMINGOS, J. M. *Francisco Xavier Sempre Mais Além*. Caxias do Sul-RS: Paulus Gráfica, 2000.

FLEURY, Renato Sêneca; LAVIERI, J. R. Vicente. *Anchieta*. São Paulo: Edições Melhoramentos, 1975.

GAMBOSO, VERGÍLIO. *I Fioretti de Santo Antônio*. Aparecida-SP: Editora Santuário, 1996.

GASNIER, Michel. *José, O Silencioso*. Lisboa: Editorial Aster Ltda., 1964.

HAMMAN, A. G. *Santo Agostinho e seu tempo*. São Paulo: Edições Paulinas, 1989.

LE GOFF, Jacques. *São Francisco de Assis*. Rio de Janeiro: Editora Record, 2001.

LEHMANN, João Batista. *Na Luz Perpétua*. Juiz de Fora-MG: Tip. do Lar Católico, 1928.

LIMA, Alencar Bastos Guimarães. *São Francisco de Assis*. São Paulo: Editora Três, 1973.

LIMA, SJ, Héber Salvador de. *A Porta Estreita de Santa Teresinha*. São Paulo: Edições Loyola, 2001.

LORENA, C.Ss.R., Pe. Isac. *Vida de São Pedro Apóstolo*. Aparecida-SP: Editora Santuário, 2003.

LUCAS, Bárbara. *Grandes Santos e Figuras Veneráveis*. Rio de Janeiro: Editora Renes, 1969.

MANENT, Jorge Gonzalez. *Inácio de Loyola – Companheiro de Jesus*. São Paulo: Paulinas, 1997.

MARISTELA. *Frei Galvão-Bandeirante de Cristo*. São Paulo: Escolas Profissionais Salesianas, 1978.

MARTINS, José da Silva. *Santo Antônio*. São Paulo: Martin Claret Editores, 1983.

MONTEIRO, OFM Conv., Geraldo. *Santo Antônio*. Santo André-SP: Editora O Mensageiro de Santo Antônio, 1996.

MONTES, C.Ss.R., PE. JOSÉ MARIA. *São Geraldo*. São Paulo: Edições Paulinas, 1959.

NEOTTI, Frei Clarêncio. *Santo Antônio de Pádua*. Petrópolis-RJ: Editora Vozes, 1998.

NEVES, OFM, Manuel Carreira das. *São Francisco de Assis – Profeta da Paz e da Ecologia*. Petrópolis-RJ: Editora Vozes Ltda., 1992.

NOBRE, Freitas. *Anchieta, Apóstolo do Novo Mundo*. São Paulo: Editora Saraiva, 1966.

PAPINI, Giovanni. *Vida de Santo Agostinho*. Rio de Janeiro: Civilização Brasileira Editora, 1932.

PESSANHA, José Américo Motta. *Santo Agostinho – Vida e Obra*. São Paulo: Editora Nova Cultural Ltda., 1999.

PORTO, Nelson; BOFF, Leonardo. *Francisco de Assis – Homem do Paraíso*. Petrópolis-RJ: Editora Vozes Ltda., 1985.

ROHRBACHER, Padre. *Vida dos Santos*. São Paulo: Editora das Américas, 1959.

ROMERO, Gabriel; PINTO, Guilherme Cunha. *São José de Anchieta*. São Paulo: Círculo do Livro S.A., 1987.

RÖWER, Frei Basílio. *Santo Antônio. Vida, Milagres, Culto*. Petrópolis-RJ: Editora Vozes, 1968.

SCIADINI, Ocd., Frei Patrício. *Teresa de Lisieux, Irmã de Caminhada*. São Paulo: Editora Cidade Nova, 1988.

SEBBA, Anne. *Madre Teresa*. Petrópolis-RJ: Editora Vozes, 1998.

SHEPER, OFM, Wenceslau. *Ide todos a José*. São Paulo: Edições Loyola, 1998.

SOUZA, C.Ss.R., Pe. Aloísio Teixeira. *Vida de São Benedito*. Aparecida-SP: Editora Santuário, 1992.

STICCO, Maria. *São Francisco de Assis*. Petrópolis-RJ: Editora Vozes Ltda., 1974.

STRATHERN, Paul. *São Tomás de Aquino*. Rio de Janeiro: Jorge Zahar Editor, 1999.

STRATHERN, Paul. *Santo Agostinho em 90 minutos*. Rio de Janeiro: Jorge Zahar Editor, 1999.

SURIAN, Carmelo. *Frei Galvão – Um brasileiro na Glória dos Santos*. Petrópolis-RJ: Editora Vozes Ltda., 1997.

TORREL, OP, Jean-Pierre. *Iniciação a Santo Tomás de Aquino*. São Paulo: Edições Loyola, 1999.